喚醒你的英文語感！

Get a Feel for English !

喚醒你的英文語感！

Get a Feel for English !

EMI for Students
雙語課室
學生用語句典

作者 ◎ 薛詠文　　推薦 ◎ 國立陽明交通大學
英語教學研究所暨語言教學與研究中心
孫于智 教授

課堂必備語句　參與課業討論　師生互動溝通　同儕交流分享

貝塔　語測
檢測學習平台

H·EDU
高等教育

在當今國際化的風潮下，英語作為全球最通用之跨國溝通媒介，其重要性無可取代。因此擁有良好的英語溝通能力無論在求學階段或職場都顯得至關重要。而英語溝通能力的培養，除了在一般的英文課程可獲得訓練或透過自學自我提升外，另一管道即是從英語授課課堂的實戰中培養。因應政府「2030 雙語國家政策」，近年國內各大學無不竭力在各系所開設英語授課課程，亦即將原本以學生的母語中文授課的專業課程，改成以學生及任課教師的外國語英文授課。有別於一般的語言課程將語言技能的訓練列為主要目標，在英語授課的情境下，專業知識的吸收仍為主要目標，而英文所扮演的角色，反而能更回歸英語學習中語言本應扮演的角色，是一種溝通「工具」，而不是將語言視為一門學科，為學語言而學語言。

語言學習最直覺、直接且有效的方式，就是模仿。模仿母語人士在面對不同情境及溝通需要時，用什麼樣的詞彙、句子來表達，再加上勤加練習，在真實的情境中將所學的句子用出來。而《雙語課室學生用語句典》一書的問世，彷彿為學習者打開了有效學習英文的大門。這本書不僅提供了全面的英語授課情境互動學習指南，更以其獨特的方式，分門別類地提供了豐富的實用英文句子、輔以中文翻譯及單字註解，讓學生無論在自學、為修習英語授課課程做準備，或作為英語授課課堂中溝通的即時寶典，都有助於學子在英語授課課堂中能夠更加自信地參與互動活動。

本書涵蓋六大單元，包括：參與線上課程、了解所選課程、參與課程活動、提升溝通技巧、與教授的互動、同儕交流分享。透過每一單元精選的常用語言例句，貼心的中文翻譯及重要單字註記，再搭配優質的語音朗讀，能讓讀者同時增進英文的聽力、口說、發音、單字、句型文法等整合性的英語專業溝通能力，使學生以英文論述或分享學科知識的溝通技巧更趨純熟。此外，有鑑於學術簡報及寫作是當今高教國際化風潮下研究生必備的能力，本書於附錄中增列「學術簡報常用句型」及「學術寫作加分語庫」兩個單元，大幅提升讀者使用本書的效益。除了學會如何在課堂中輕鬆、靈活地以英文面對各類溝通情境，更能善用附錄兩單元的學術發表及寫作寶典，完勝學位論文的挑戰，無論對於在國內就學或遠赴海外求學的莘莘學子，都是一本不可或缺的工具書。

總之，《雙語課室學生用語句典》這本書的獨特之處在於它不僅是一本豐富的全方位英語授課課堂寶典，其清晰的結構、豐富且實用的英文例句為學生提供了一個完整的學習範本。無論是在英語授課教室情境或是致力於學術論文寫作及國際研討會議發表，本書都將成為學子不可或缺的伙伴，助其輕鬆克服語言障礙，獲取更大的成就。

孫于智 教授
國立陽明交通大學
英語教學研究所暨語言教學與研究中心

作者序

　　筆者在 2022 年所出版的《**雙語課室英文句典**》引起廣大迴響，許多有 EMI (English as a Medium of Instruction) 全英授課需求的教師都認為書內的課室英文語句不但明確易使用，學生在接收資訊時也更容易理解。時過一年，期間也收到不少來自教師或學生的意見反饋，其中提到最多的是：除了教師可參考的課室語句之外，也希望有學生在 EMI 課堂上用英文參與討論時可派上用場的實用說法。

　　的確，雙語教學目標的實踐絕非教師單方面的責任，意即不是教師將原本使用中文授課改成用英文講一次這樣簡單！從某種程度來看，其實學生才是最重要的 "stakeholders"（利益相關者）呢！唯有學生的積極參與和配合，雙語教學的成功率才會提升。新時代的學生應調整學習心境與態度，從傳統「等老師提供知識和給答案」的被動心態提升到「培養主動求知」的精神，並且要將「學英文僅是為了應付考試」的觀念，轉換為「將所學到的英文實際使用在課堂討論中」的行動，才是雙語教學的精髓。

　　當各位同學選修並踏入 EMI 雙語授課的課堂，你們就不僅是在追求知識，更是踏上了一段學習當世界公民的旅程。在現今競爭激烈的全球職場上，有能力可以主動積極地用英語參與討論不僅是一種技能的提升，更是培養競爭力的重要一步。因為使用英語溝通是連接世界的橋樑，在 EMI 雙語課堂上，不管是學習工程、科學、商業、文學還是藝術，每個科目都不再侷限於中譯的課本當中了，透過實際使用英語討論並和同學做意見交流，各位不僅是在鍛鍊自己適應及參與這個日益全球化社會的能力，也是在提升自己未來在國際社會工作的可能性。

更重要的是，積極參與課堂討論是深化理解和批判思考的關鍵。如同先前提及的，EMI 雙語課堂不該僅是教師單向地訊息傳遞，學生也應該有自己的心得與想法，並與教師或其他同學共享知識與點子。當學生使用英語提問或回答問題時，除了表達自己的觀點，也應鼓勵其他同學分享他們的想法。透過使用英文討論專業知識，不僅可以更好地理解所學概念，對學科有更深的洞察，更是將英文科目從考試為目的的層面拉到實際派上用場的高度。

此外，透過使用英文積極參與課業討論，同學們還可以克服恐懼、建立自信心。筆者聽過許多學生說自己害怕使用英文發言，因為擔心會說錯或被誤解。然而，犯錯是學習過程中不可或缺的一部分。藉由跨出 EMI 課堂討論這一步，各位會慢慢發現你所得到的不僅是練習英文的機會，更有在眾人面前使用英文做簡報的勇氣。

既然教師與學生都必須為今後雙語教育環境做好準備，那麼筆者想專為學生編輯一本 EMI 課堂語句之初衷便可發揮強大作用。為了協助同學們在參與雙語課程時可以更順利地進入狀況，本書以各式在雙語課堂內的情境做為分類，包括：和同學討論所選修的 EMI 課程內容、分組協商輪流發言的禮貌說法、表達意見或舉例佐證的溝通技巧等。無一不是同學們可立即派上用場的實用英文語句。值得一提的是，因應「線上教學已成為新常態」的趨勢，本書也加入了和同學在線上討論課業時必備的實用短語，從線上教室連線的疑難排解到實際進行討論等情境皆完整涵蓋。此外，為避免文句過於冗長或經過背誦而使口語表達上顯得更加生硬呆板，本書所有實用語句的挑選與設計都以精簡、活用為主，讓同學們可在短期內精進熟練，且多加練習揣摩後可自然而然地朗朗上口。

　　本書面面俱到地幫同學們整理出 EMI 雙語課室內各種情境可使用的實用英文語句，期望協助各位的雙語學習之路更加順暢、事半功倍。

　　祝學習順利！

薛詠文

01/2024

CONTENTS 目錄

Unit 4 ⇆ 提升溝通技巧 Enhancing Communication Skills

Unit 5 ⇆ 與教授的互動 Interacting with Professors

Unit 6 ⇆ 同儕交流分享 Interacting with Classmates

附錄

Unit 1

↕

參與線上課程
Attending Online Courses

01 確認連線
Confirming Connections

🎧 MP3 01

☐ Can you guys hear me clearly?
你們聽得清楚嗎？

....

☐ I'm going to share my screen now. Please give me a thumbs up in the chat box if my screen is **visible**.[1]
我現在要分享螢幕。如果你們看得見我分享的螢幕，請在聊天框中傳個讚。

....

☐ Are you also experiencing a lag, or is it just me?
你們的網路也很慢嗎，還是只有我這邊才有這個問題？

....

☐ Please make sure you're on a **stable**[2] network to avoid **disruptions**.[3]
請確認你們的網路穩定，以避免中斷。

....

☐ Could you type "yes" in the chat box if you can hear me clearly?
如果你們可清楚地聽到我說的話，請在聊天框中輸入「Yes」？

W → Woman   M → Man

W Oops, my screen just went **blank**.[4]
糟糕，我的螢幕一片空白。

M It might be helpful for you to log out and rejoin the session.
登出並重新加入可能會對你有幫助。

W Jack, I can hear you, but there's an **echo**.[5]
傑克，我聽得到你說話，但有回音耶。

M Oh, then let me try using my headphones. Hold on.
哦，那我試試看用耳機。請稍等。

W It seems like my **connection**[6] is not stable.
看來我的連線不太穩定。

M Are you using Wi-Fi? If it's not stable, why don't you try using a wired connection.
你是用 Wi-Fi 嗎？如果不穩定，何不試試用有線網路連接。

M Linda, can you hear me? Hello?
琳達，聽得到我說話嗎？哈囉？

W I need a minute to sort out my connectivity issues.
我需要一點時間來解決連線問題。

M My connection is very slow.
我的網速很慢。

W You can **adjust**[7] your video **quality**[8] settings or even turn your camera off.
你可以調整影像品質，要不就將鏡頭關了吧。

VOCABULARY

① **visible** [ˋvɪzəbl] *adj.* 可看見的

② **stable** [ˋstebl] *adj.* 穩定的

③ **disruption** [dɪsˋrʌpʃən] *n.* 干擾

④ **blank** [blæŋk] *adj.* 空白的

⑤ **echo** [ˋɛko] *n.* 回音

⑥ **connection** [kəˋnɛkʃən] *n.* 連線

⑦ **adjust** [əˋdʒʌst] *v.* 調整

⑧ **quality** [ˏkwɑlətɪ] *n.* 品質

02 聲音影像
Audio and Video

 課前小叮嚀！

不少人認為用英文確認線上課程的影音連線只要講 Can you hear me? 一句就好，但事實上，還是有可能會問及音量、噪音、回音、影像等問題。參與 EMI 線上課程的同學，也應將這些基本的確認或回應用語加以熟悉，以便在上課前可以和同學先確認好聲音與影像的連線品質。

🎧 MP3 02

☐ Jerry, can you say something, so I can check if my audio is working okay?
傑瑞，你能說句話嗎，這樣我可以檢查一下我的音訊是否正常運作。

☐ Is there any **background**[1] noise coming from my side?
我這邊有傳出背景噪音嗎？

☐ Please mute your microphone when you're not speaking.
當你不發言時，請將麥克風調為靜音。

☐ Let me play a short sound clip. If you can hear it clearly, please raise your **virtual**[2] hand.
讓我播放簡短的音檔。如果你聽得清楚，請按螢幕上的舉手。

☐ Amy, you sound a bit far away. Can you adjust your speaker or headset **volume**?[3]
艾咪，妳聽起來有點遙遠。可以調一下喇叭或耳機的音量嗎？

M Is my voice breaking up?

我的聲音是不是斷斷續續的呀？

W Actually, it's okay. I can hear you just fine.

其實，還好。我聽得很清楚。

M Is my voice too low or too high?

我的聲音會不會太低或是太高？

W No, your voice is okay. But there's an echo coming from your side.

不會，你的聲音正常。但你那端似乎有點回音。

M Tammy, can you switch your camera on for a second, so I can check the video feed.

潭美，妳能開一下鏡頭嗎，以便我可以確認視訊端正常。

W Give me a minute. I need to change my background first.

請稍等一下。我要先換一下我的背景。

M I'm going to share my screen. Yuki, can you see it?

我要分享我的螢幕。佑希，妳看得到嗎？

W Your video is frozen. Oh, wait a sec, it's okay now.

你的影像卡卡的……哦，等一下，現在好了。

W Ben, I've got an error **message**⁴ saying my system camera cannot be found. What does that mean?

班，我看到一個錯誤訊息，說找不到我的系統攝影機。這什麼意思啊？

M Okay, try turning your computer off and on again to see if it'll **detect**⁵ the camera **automatically**.⁶

好的，請試著重開電腦，看看是否可以自動偵測到鏡頭。

🔖 VOCABULARY

① **background** [`bæk,graʊnd] *n.* 背景
② **virtual** [`vɜtʃʊəl] *adj.* 虛擬的
③ **volume** [`vɑljəm] *n.* 音量
④ **message** [`mɛsɪdʒ] *n.* 訊息
⑤ **detect** [dɪ`tɛkt] *v.* 偵測
⑥ **automatically** [,ɔtə`mætɪk]ɪ] *adv.* 自動地

03 疑難排除
Troubleshooting

💬 課前小叮嚀！

提到線上課程的 troubleshooting，其實也不僅限於解決線上連線程式或軟體的問題，也有可能是使用的機器本身（如：桌機、筆電、平板）等設定要調整。因此，本單元也提及了安裝程式、防毒軟體和防火牆設定等說法，各位可以一併學起來以便日後運用喔！

🎧 MP3 03

☐ If you're facing any connectivity issues, try **resetting**[1] your computer.
如果遇到任何連線問題，可試著將電腦重新開機。

☐ If your connection drops, you can rejoin using the same class link.
如果連線斷了，你可以點上課連結再次加入。

☐ If you're experiencing a lag, try closing unnecessary apps to **improve**[2] your connection.
如果連線很慢，請試著關閉不必要的應用程式以改善速度。

☐ Linda, what's the **exact**[3] problem you're encountering? Are you getting an error message?
琳達，妳遇到的具體問題是什麼？妳有看到任何錯誤訊息嗎？

☐ Sam, you should use the login information provided by the professor yesterday.

山姆，你應該使用教授昨天提供的帳號登入呀。

Ⓦ → Woman　Ⓜ → Man

Ⓦ Can anyone **confirm**[4] if my audio and video are in sync?

誰能確認一下我的音訊和視訊是否有同步？

Ⓜ You're good. No problem at all.

很好。完全沒問題。

Ⓦ John, I clicked on the online classroom link, but the screen just went blank.

約翰，我點了線上課程的連結，但螢幕一片空白耶。

Ⓜ Please make sure that the Webex app is **installed**[5] and **updated**[6] on your computer.

請確定你的電腦上已安裝並更新 Webex 應用程式。

Ⓦ It says here: "The link may pose threats." So what should I do now?

這裡寫的是「該連結可能構成威脅」。那我現在該怎麼辦呢？

Ⓜ Please **verify**[7] that your antivirus software is not blocking the application.

請確認你的防毒軟體不會阻擋程式。

M My connection is running a bit slow.

我的連線速度有點慢。

W You can close unnecessary programs running in the background.

你可以先關閉一些背景執行的不必要的程式。

M I can't connect to the online classroom.

我無法連接到線上課堂耶。

W I had a similar experience last week. Have a look at your computer's firewall settings. That was my problem.

我上週也有過類似的經驗。先檢查你電腦的防火牆設定。我的問題就是那個。

📌 VOCABULARY

① **resetting** [riˋsɛtɪŋ] *n.* 重置
② **improve** [ɪmˋpruv] *v.* 改善
③ **exact** [ɪgˋzækt] *adj.* 確切的
④ **confirm** [kənˋfɝm] *v.* 確認
⑤ **install** [ɪnˋstɔl] *v.* 安裝
⑥ **update** [ʌpˋdet] *v.* 更新
⑦ **verify** [ˋvɛrəˌfaɪ] *v.* 檢查

課堂規則
Classroom Rules

💬 **課前小叮嚀！**

EMI 課程的主要精神就是要創造英語應用的環境，讓同學將在課本中所學到的英文語法，透過小組討論課業之時實際地應用出來。當然，對於母語不是英文的同學來說會犯些小錯實屬自然。因此，在同一小組的同學之間可先訂定好規則，無關英文好壞，都要保持互相學習與幫助的心態，以便在 EMI 課堂內創造安全舒適的環境，讓每位同學都能使用英文暢所欲言。

🎧 MP3 04

☐ Let's maintain a **respectful**[1] environment, and listen quietly while other classmates are speaking.

讓我們保持一個相互尊重的環境，在其他同學發言時安靜地傾聽。

☐ As a group leader, I **encourage**[2] everyone to actively **engage**[3] in discussion.

身為小組長，我鼓勵大家積極參與討論。

☐ What we've shared in class, especially **personal**[4] experiences, should stay in class, okay?

我們在課堂上分享的內容，尤其是個人經歷，就不要再傳出去，好嗎？

☐ All our group members have an opportunity to voice their ideas. We'll make **decisions**[5] together.

我們所有的小組成員都有機會表達想法，我們會一起做決定。

☐ I'd love to hear different opinions from you guys. I think we all **benefit**[6] when we hear **diverse**[7] perspectives.

我很高興聽到你們有不同意見，從不同的角度學習時，我們都會受益。

W Jerry, have you finished the homework assignment?

傑瑞，你的作業做完了嗎？

M Yes. The professor said the report is due at the beginning of class, no **exceptions**.[8]

完成了。教授說報告要在課堂開始的時候交，沒有例外。

W You are welcome to express your agreement or disagreement during group discussions.

歡迎大家在小組討論中表達同意或不同意的意見。

M That's good. Let's **treat**[9] everyone with respect.

好。我們尊重每個人的意見。

M The professor said that the members of the group should help each other.

教授說，小組內的成員應該互相幫助。

W Exactly. So, if you need **assistance**,[10] don't **hesitate**[11] to let me know.

沒錯。因此，如果你需要幫助，請隨時告訴我。

W I'm always quiet in group discussions because I'm afraid my ideas are too weird.

我在小組討論中總是保持沉默，因為我擔心我的想法太奇怪。

M Don't worry about it. Remember, there are no wrong questions and weird ideas make for more interesting discussions.

別擔心。請記住，沒有所謂錯誤的問題，而奇怪的想法會讓討論更有趣。

W Well, hold on Jerry, I have a different idea. I mean....

嗯，傑瑞等一下，我有不同的想法。我是說……。

M Linda, let's take turns speaking, okay? Please **signal**[12] first if you'd like to add a point.

琳達，我們輪流發言，好嗎？如果您想加入意見請先示意一下，不要突然插話。

📌 VOCABULARY

① **respectful** [rɪˋspɛktfəl] *adj.* 尊重的

② **encourage** [ɪnˋkɝɪdʒ] *v.* 鼓勵

③ **engage** [ɪnˋgedʒ] *v.* 參與

④ **personal** [ˋpɝsn̩l] *adj.* 個人的

⑤ **decision** [dɪˋsɪʒən] *n.* 決定

⑥ **benefit** [ˋbɛnəfɪt] *v.* 有益

⑦ **diverse** [daɪˋvɝs] *adj.* 不同的

⑧ **exception** [ɪkˋsɛpʃən] *n.* 例外

⑨ **treat** [trit] *v.* 對待

⑩ **assistance** [əˋsɪstəns] *n.* 協助

⑪ **hesitate** [ˋhɛzəˌtet] *v.* 遲疑

⑫ **signal** [ˋsɪgn̩l] *v.* 示意

課前小叮嚀！

在 EMI 課堂上，教師通常會指派小組討論，或給學生上台報告的機會，以增加學生使用英文發表意見的頻率。那麼，同學們當然應該要把握住每次練習的機會，積極參與討論，自信發表意見。若參與 EMI 課程是抱持坐在一旁聽講，或等著教授給答案的心態，那可是讓練習使用英文的絕佳機會白白溜走了。因此，期望修習 EMI 課程的同學都要熱烈參與和積極發言喔！

🎧 MP3 05

☐ I **appreciate**[1] the **contributions**[2] from Vivian and Jerry. So, what about other team members? Linda, you haven't shared your **thoughts**[3] yet.
謝謝薇薇安和傑瑞的意見。那麼，其他組員呢？琳達，妳還沒有分享妳的想法。

☐ The professor said our class is a safe space where people should feel comfortable expressing their opinions.
教授說我們的課堂內是一個安全的空間，大家可以放心地表達自己的意見。

☐ Let's think individually for a few minutes and then share our thoughts with the group.
讓我們單獨想個幾分鐘，然後再與小組分享各自的想法。

☐ I love group discussions. I think it's a fantastic way to learn from my peers and encourage each other.
我喜歡小組討論。我認為這是向同儕學習和互相鼓勵的絕佳方式。

☐ Critical thinking is welcome in our group. I mean, you can **challenge**[4] the ideas we've just discussed. It's okay.

我們小組很歡迎批判性思考喔。我的意思是說，你們可以挑戰剛才討論過的想法。沒關係。

W → Woman   M → Man

W As the group leader, I'd like to hear at least one comment from every group member.

身為小組長，我希望聽到每位組員至少要貢獻一個意見。

M Okay, let me start first. I think we should identify a gap in the research before coming up with our research questions.

好的，我先開始吧。我認為在提出研究問題之前，我們應該要找出研究缺口。

M All right, who else? I'm sure you have some **insightful**[5] ideas to add.

好，還有誰？我相信你們都有一些深刻的見解可以補充的。

W Yes, I'd like to build on the point that Jerry just made.

是，我想以傑瑞剛才提出的觀點為基礎再補充一下。

W Well, I've got an idea, but don't know how to say it in English.

嗯，我有一個想法，但我不知道怎麼用英文講。

M Okay, you can **jot down**[6] your opinion on a piece of paper first, and we can talk about it later.

好，你可以先把你的意見寫在紙上，稍後我們再來討論。

M̄ Um… I don't have answers to the professor's questions, but I'd like to get some **clarification**[7] on something she said.

嗯……教授的問題我不知道答案，但我想就她所說的一些內容進行澄清。

W̄ Of course, please go ahead. Asking questions and providing answers are **equally**[8] important.

當然可以，請說。提出問題和提供答案同等重要喔。

M̄ Well, I'm not too sure whether my idea is right, but maybe I can…, I mean…

嗯，我不太確定我的想法是否正確，但也許我可以……，我的意思是……

W̄ Michael, it's okay. Your ideas could be very important to our group discussion, so don't hesitate to share.

麥可，沒關係。你的想法對我們的小組討論非常重要，因此請隨時分享。

📌 VOCABULARY

① **appreciate** [əˈpriʃɪˌet] *v.* 感謝
② **contribution** [ˌkɑntrəˈbjuʃən] *n.* 貢獻
③ **thought** [θɔt] *n.* 想法
④ **challenge** [ˈtʃælɪndʒ] *v.* 挑戰
⑤ **insightful** [ˈɪnˌsaɪtfəl] *adj.* 有見地的
⑥ **jot down** *v.* 寫下
⑦ **clarification** [ˌklærəfəˈkeʃən] *n.* 確認；澄清
⑧ **equally** [ˈikwəlɪ] *adv.* 同等地

Unit 2

↕

了解所選課程
Understanding Course Objectives

💬 **課前小叮嚀！**

說到「問候、打招呼」，多數人可能會想到 Hi.、Hello. 或 Good morning. 等用語，只是講了招呼語之後，應該還是要加上寒暄問候的話題，才能讓後續的對談更熱絡些。因此，遇到老師或同學時不要再當「句點王」了，提出一些課程相關或互相關心學業的話題也是不錯的！

🎧 MP3 06

☐ Good morning. Are you ready for today's **lecture**?[1]
早安。你們準備好上課了嗎？

☐ Hello! How's everything going with your studies?
你好！最近課上得如何？

☐ Hey! Did you **manage**[2] to finish the essay yesterday?
嘿！你昨天寫完論文了嗎？

☐ Hello! Professor Chen, I'm looking forward to class today.
您好！陳教授，我很期待今天的課程。

☐ Good afternoon, Mr. Jones. I hope you had a good weekend.
午安，瓊斯先生。您週末還愉快嗎。

W → Woman   M → Man   T → Teacher

W Hey, Jason! How was your weekend?
嘿，傑森！你週末過得怎麼樣？

M Good. I read a couple of good books.
很好。我看了兩本好書。

M Hi, Linda! Have you heard about the big **talk**[3] next week?
嗨，琳達！妳有聽說下週的重要演講嗎？

W You mean the AI Trend **seminar**[4] on Wednesday? Yeah, I'm looking forward to it.
你是說下週三的人工智慧趨勢研討會嗎？我很期待。

M Good morning, Vivian. Have you formed a group for the **project**[5] yet?
早安，薇薇安。妳為專題找好組員了嗎？

W No, not yet. Maybe we can team up?
還沒有。或許我們可以一組？

W Hi, Mr. Cole. I've got a question about the project. When would be a good time to talk?
嗨，科爾老師。我有個關於專題的問題。什麼時候討論比較適合？

T Sure. How about immediately after today's online session?
當然。今天的線上課程結束後怎麼樣？

W Hello, Mr. Davis. Your last class about **career**[6] **development**[7] was really **inspiring.**[8]

戴維斯老師，您好。您上一堂關於職涯發展的課真的很鼓舞人心。

T Thank you so much. I'm glad to hear that.

謝謝。很高興聽妳這麼說。

📌 VOCABULARY

① **lecture** [ˋlɛktʃɚ] *n.* 講課

② **manage** [ˋmænɪdʒ] *v.* 處理

③ **talk** [tɔk] *n.* 演講

④ **seminar** [ˋsɛməˌnɑr] *n.* 講習；研討會

⑤ **project** [ˋprɑdʒɛkt] *n.* 專題

⑥ **career** [kəˋrɪr] *n.* 職涯

⑦ **development** [dɪˋvɛləpmənt] *n.* 發展

⑧ **inspiring** [ɪnˋspaɪrɪŋ] *adj.* 激勵的

02 自我介紹
Self-Introduction

💬 課前小叮嚀！

在 EMI 課程中若要自我介紹當然也得使用英文。英文自我介紹除了分享姓名，還可提及學習經驗、興趣、專長、生活目標或特殊技能等。當然，自我介紹可不只是談論自己而已，更是在課堂上與其他同學建立良好關係的起點。所以先準備好一些能令人印象深刻的自我介紹用語以便隨時可派上用場是非常必要的！

🎧 MP3 07

☐ Hello, everyone. My name is Linda Chen, and I'm **majoring**[1] in international business. This is my first year at the university.
大家好。我叫陳琳達，主修國際商務。這是我在大學的第一個學年。

- -

☐ Hi, I'm Sam Davis. I just **transferred**[2] here from King's College. I'm looking forward to getting to know all of you.
嗨，我是山姆·戴維斯。我剛從國王學院轉學到這裡。我很期待認識大家。

- -

☐ Good morning! My name is Rebecca, and I chose this class because I've been interested in artificial intelligence for a long time.
早安！我叫蕾貝卡，我選這個課程是因為長期以來對人工智慧很感興趣。

- -

☐ Hi, all! I'm Alice Smith. Outside of class, I'm on the chemistry department basketball team, so if you're interested, we're always looking for new players.
大家好！我是愛麗絲·史密斯。課外我也是化學系籃球隊的一員，我們一直在尋找新成員，所以如果你們有興趣，歡迎加入我們。

☐ Hey, there. My name is Yuki Isao, and I'm originally from Japan. I'm excited to learn more about Chinese history.

嗨，大家好。我叫 Yuki Isao，我來自日本。我很高興能更多了解一些中國歷史。

W → Woman M → Man T → Teacher

Ⓦ Hello! I'm Wendy Lin. I'm **pursuing**[3] a double major in international business and economics.

你好！我是林溫蒂。我正在攻讀國際商務和經濟學雙學位。

Ⓜ Same here. Maybe we can talk for a minute after class today.

我也是耶。也許今天下課後我們可以聊一聊。

Ⓦ Greetings! My name is Dora Collins. When I'm not studying, I like to run.

你好！我叫朵拉・柯林斯。當我沒課的時候，我喜歡跑步。

Ⓜ Hey, me too. I've been training for a 10K for the last couple of weeks.

嘿，我也是。過去幾週我一直在做 10 公里的訓練。

Ⓣ All right, Vivian. It's your turn. Tell us why you want to take this course.

好的，薇薇安。現在輪到妳了。請告訴我們妳為什麼想選修這門課。

Ⓦ Yes, I've heard great things about this course and I can't wait to **explore**[4] a period of German history that I'm **relatively**[5] unfamiliar with.

好的，我聽他人提過這門課程的精彩內容，因此我迫不及待地想去探索一段我相對不熟悉的德國歷史。

W Hi, everybody! I'm Jessy Chen. I'm currently doing research on how **motivation**[6] **influences**[7] students' L2 learning.

同學們好！我是陳潔西。我目前正在研究動機如何影響學生的第二語言學習。

T Wow, that's good. I'm sure this class will **complement**[8] your project.

哇，那太好了。我相信這門課程將對妳的研究很有幫助。

W Hello, my name is Amber Yang. I'm a **first-year student**[9] studying English **literature**.[10]

你們好，我叫楊安柏。我是主修英國文學的大一新生。

T Welcome to the class, Amber. I'm sure you'll learn a lot in this class.

歡迎來上課，安柏。我相信妳會在這堂課學到很多。

📌 VOCABULARY

① **major** [`medʒə] v. 主修
② **transfer** [træns`fɜ] v. 轉學
③ **pursue** [pə`su] v. 追求；從事
④ **explore** [ɪk`splor] v. 探索
⑤ **relatively** [`rɛlətɪvlɪ] adv. 相對地
⑥ **motivation** [ˌmotə`veʃən] n. 動機
⑦ **influence** [`ɪnfluəns] v. 影響
⑧ **complement** [`kɑmpləˌmɛnt] v. 補足
⑨ **first-year student** 大一新生
⑩ **literature** [`lɪtərətʃə] n. 文學

03 認識同學
Getting to Know Classmates

 課前小叮嚀！

在 EMI 課堂中主動與同學攀談非常重要，因為這有助於建立友誼，並增強團隊合作。使用英文主動找同學談話，可以參考以下示範的例句，由一般開放式問題切入，例如詢問他們對什麼感興趣或喜歡什麼活動等。保持友好態度並展現誠意有助於拉近與新同學之間的距離。

🎧 MP3 08

☐ Hi, there. I've **noticed**[1] you have a tote bag from Polo. Are you a fan of the brand?

你好。我注意到你有一個 Polo 手提包。你喜歡這個品牌的商品嗎？

☐ Hey, I saw you wearing a New Jersey T-shirt the other day. Are you from New Jersey?

嘿，前幾天我看到你穿著新澤西圖案的上衣。你是來自新澤西州嗎？

☐ Hi, I'm new to the area. Are there any local cafes or hangout spots you'd **recommend**?[2]

你好，我初到此處。你有推薦的咖啡館或聚會場所嗎？

☐ Are you from Los Angeles?

你是洛杉磯人嗎？

☐ Do you know anything about Professor Smith? Well, I mean, I like to know something about the professor's teaching style before I choose a class.

你了解史密斯教授嗎？嗯，我是想說，在選擇課程之前先了解一下教授的教學風格。

W → Woman M → Man

M How do you usually spend your weekends here? I'm trying to find some interesting things to do out here in the middle of nowhere.

你在這裡通常怎麼度過週末呀？我想在這偏僻的地方找點有趣的事做。

W Well, to be honest, I spend a lot of time in the library.

嗯，說實話，我總是在圖書館看書耶。

W I'm thinking of forming a study group for this class.

我正在考慮為這門課組個讀書會。

M Oh, wonderful idea. I'd love to join.

哦，好主意。我很樂意加入。

M Do you have any tips for managing the **workload**[3] for this course?

對於處理這門課程的龐大作業量，你有什麼建議嗎？

W You know, the workload can be intense, so I always **preview**[4] materials before the lesson.

你知道，作業量很大，所以我總會在課前就先預習教材。

M Linda, just out of curiosity, what's one thing you wish you knew before starting university?

琳達，好奇問一下，妳認為在上大學之前早該了解的事是什麼？

W Well, I wish I knew how important presentations were. I mean, **presentation**[5] and communication skills are **essential**[6] for university students.

嗯，我希望我知道演講有多重要。我的意思是，報告和溝通技巧對大學生來說至關重要。

W Are you involved in any clubs here? I'm thinking of joining one.

你參加過這裡的社團嗎？我正在考慮加入社團。

M Yeah, I'm a member of the school **debate**[7] team. Do you want to come to a meeting and see if you like it?

有的，我是學校辯論隊的一員。妳要不要來參加一次聚會，看看妳喜不喜歡？

🔖 VOCABULARY

① **notice** [ˋnotɪs] *v.* 注意
② **recommend** [ˌrɛkəˋmɛnd] *v.* 推薦
③ **workload** [ˋwɜkˌlod] *n.* 工作量
④ **preview** [ˋpriˌvju] *v.* 預習
⑤ **presentation** [ˌprizɛnˋteʃən] *n.* 簡報
⑥ **essential** [ɪˋsɛnʃəl] *adj.* 重要的
⑦ **debate** [dɪˋbet] *n.* 辯論

04 課程目標
Course Objectives

💬 課前小叮嚀！

了解 EMI 課程目標是學習過程中重要的一步，因為總要先確定好學習的方向和重點。此外，了解 EMI 課程的要求與教法能協助同學們設定明確的期望，並擬定合適的學習策略。而要了解 EMI 課程目標，各位可以先仔細閱讀課程大綱，參加課程介紹，並與老師及其他同學討論。

🎧 MP3 09

☐ The professor mentioned that we can improve our critical thinking skills throughout the course. That's exactly what I need.
教授提到我們可以透過整個課程提升我們的批判性思考能力耶。這正是我需要的。

☐ It seems we have a lot of group **discussions**.[1] I guess they're helping me **enhance**[2] my communication skills.
看來我們有很多小組討論活動。我想它們正幫助我提升溝通能力。

☐ I'm taking this course to get a stronger **foundation**[3] in programming, which I believe will be **crucial**[4] for my career.
我修這門課是為了打好程式設計的基礎，我相信這對我的職涯至關重要。

☐ My main goal is to improve my academic writing, so I'll work especially hard on the essay assignments.
我的主要目標是提升我的學術寫作能力，所以我會特別努力完成論文作業。

□ I hope to use this Python course as a stepping stone for more **advanced**[5] Python courses. Eventually I want to get into AI development.

我希望將此 Python 課程作為更高級 Python 課程的墊腳石。最終我想進入 AI 開發的領域。

W → Woman M → Man

W It seems you are really interested in business management.

看來你對企業管理很有興趣喔。

M Yes, I am. I want to explore **potential**[6] internship opportunities in the banking industry.

是的。我想找尋在銀行業的潛在實習機會。

W My goal in this course is just to get a good grade. I have to maintain a high GPA.

我在這門課的目標就是獲得好成績。我必須維持高 GPA。

M Yeah, me too, especially because I plan to apply for graduate schools in the U.S.

我也是，尤其是我打算之後要申請美國研究所。

M I hope this course doesn't focus too much on theoretical **concepts**.[7]

我希望這門課程不會過度專注在理論概念的講述。

W I don't think it will. The professor said that we'll need to understand the practical **applications**[8] as well.

不會的，教授說我們還會學到實際的應用面呢。

M Wow, we'll need to **analyze**[9] ten case studies this semester.

哇，這學期我們要分析十個案例研究耶。

W That's good. I've always thought case studies help to develop critical thinking and problem solving skills.

那太好了。我一直認為案例研究有助於培養批判性思考和解決問題的能力。

W You're excited to meet new classmates, aren't you?

你很高興認識新同學，對吧？

M Yeah, I'm looking forward to **networking**[10] with as many classmates as possible.

是呀，我希望認識越多同學越好。

📌 VOCABULARY

① **discussion** [dɪˋskʌʃən] *n.* 討論

② **enhance** [ɪnˋhæns] *v.* 精進

③ **foundation** [faʊnˋdeʃən] *n.* 基石

④ **crucial** [ˋkruʃəl] *adj.* 關鍵的

⑤ **advanced** [ədˋvænst] *adj.* 進階的

⑥ **potential** [pəˋtɛnʃəl] *adj.* 潛在的

⑦ **concept** [ˋkɑnsɛpt] *n.* 概念；觀念

⑧ **application** [͵æpləˋkeʃən] *n.* 應用；運用

⑨ **analyze** [ˋænl͵aɪz] *v.* 分析

⑩ **network** [ˋnɛt͵wɝk] *v.* 建立關係網

05 課程教材
Learning Materials

💬 課前小叮嚀！

課前跟同學討論 EMI 課程使用的教材有其必要，因為使用的教材會直接影響學習品質和理解能力。透過討論，不但可以更深入地了解教材的內容，也可促進同學之間的合作與交流，若你有 EMI 相關的資料別忘了拿出來分享喔！

🎧 MP3 10

☐ The textbook for this course is really expensive, so I'm thinking of buying a used one.
這門課的課本很貴，所以我想買一本二手的。

☐ I wonder if the **digital**[1] version of this textbook is **available**[2] in the school library.
我想知道學校圖書館是否有這本課本的電子版。

☐ I know a **platform**[3] that offers free access to a bunch of different journals.
我知道一個平台，可以免費取得許多不同的期刊。

☐ Besides the textbook, the professor also **assigns**[4] a ton of additional readings.
除了課本外，教授還指派了大量額外的閱讀素材。

☐ This paper is quite technical. Maybe we should form a study group to **dissect**[5] it.
這篇論文不好讀呢。或許我們應該組讀書會來討論。

W → Woman M → Man

M Oh, my! Those **mandatory**[6] textbooks are costly!
哦，天哪！那些必修課的課本都超貴！

W Exactly, and that's why I prefer digital versions of textbooks. They're more **affordable**.[7]
沒錯，這就是為什麼我想買電子版課本。它們比較便宜。

M Have you found any good online lecture notes for our textbook chapters?
你有找到搭配我們課本的線上講義嗎？

W Yes, I found an online **summary**[8] site. I'll share the link with you.
有的，我找到了一個線上摘要網站。我會將連結分享給你。

W Wow, the professor suggests that we read ten other journal articles.
哇，教授建議我們再讀十篇期刊文章耶。

M Yeah, I finished reading the first one yesterday, and found it really **insightful**.[9]
是的，我昨天已經看了第一篇，發現寫得很棒耶！

M I found a Chinese edition of our textbook online.
我在網路上找到了我們教材的中文版喔。

W Me too, and it's so much cheaper! I'm going to get a copy and just use that one.
我也是，而且便宜多了！我要去買一本，然後就用那本。

W I've **compiled**[10] a list of free e-books related to our course.

我整理了一份與我們課程相關的免費電子書清單。

M If you could share it with us, that would be wonderful.

如果你能與我們分享，那就再好不過了。

📌 VOCABULARY

① **digital** [ˈdɪdʒɪtl̩] *adj.* 電子的

② **available** [əˈveləbl̩] *adj.* 可取得的

③ **platform** [ˈplætˌfɔrm] *n.* 平台

④ **assign** [əˈsaɪn] *v.* 指派

⑤ **dissect** [dɪˈsɛkt] *v.* 剖析

⑥ **mandatory** [ˈmændəˌtorɪ] *adj.* 強制的

⑦ **affordable** [əˈfɔrdəbl̩] *adj.* 買得起的

⑧ **summary** [ˈsʌmərɪ] *n.* 摘要

⑨ **insightful** [ˈɪnˌsaɪtfəl] *adj.* 有見地的

⑩ **compile** [kəmˈpaɪl] *v.* 匯整

06 討論作業
Assignments / Projects

💬 **課前小叮嚀！**

EMI 課程的主要目的之一就是要創造學生用英文討論的機會。因此透過討論作業要求，同學們可以清楚地了解作業的目的、期望的結果和評分的標準等，從而更有效地規劃和分配作業時間。跟同學討論作業要求不僅有助於消除疑慮，也可促進同儕間的學習和合作。

🎧 MP3 11

☐ I'd better start working on my assignments early. The syllabus says that late **submissions**[1] will **impact**[2] my grades.
我最好早點開始做作業。教學大綱有寫說遲交的話會影響成績。

☐ The writing task is challenging, but it's a good chance for me to **sharpen**[3] my writing skills.
這項寫作功課很有挑戰性，但對我來說這是一個磨練寫作技巧的絕佳機會。

☐ The professor said that the purpose of the **worksheet**[4] is to **assess**[5] our understanding of yesterday's lecture.
教授說這個學習單的目的是評估我們對昨天課程的理解程度。

☐ It might be more **efficient**[6] if we work on the project together. What do you think?
如果我們一起做這個專題可能會更有效率。你覺得呢？

☐ The professor mentioned that we could use multimedia **elements**[7] to make our project more **engaging**.[8]
教授有說我們可以使用多媒體元素來讓專題更具吸引力。

W → Woman   M → Man

W Part of our grade is based on class participation and discussion.
我們成績的一部分是要看課堂參與和討論的狀況耶。

M Yeah, I know. Let's make sure we are all contributing.
是,我知道。讓我們確保我們都有貢獻意見。

M I'm good at writing stories, but writing academic essays is a different story.
我擅長寫故事,但寫學術論文就是兩回事了。

W No kidding. Maybe we should go to the writing center to get some help with our essays.
別開玩笑了。也許我們應該去寫作中心尋求一些寫論文的協助。

M This task requires peer review.
這項作業會需要同儕互評耶。

W Yeah. Do you want me to give you some feedback?
是呀。你需要我給你一些反饋嗎?

W I'm a bit unclear on the **requirements**[9] for this writing task.
我不太清楚這個寫作作業的要求為何。

M Well, we just have to **compose**[10] a five-paragraph essay on the assigned topic.
嗯,我們只需要就指定的主題寫一篇五段式論述文。

W Have you started preparing for the end-of-semester project?

你開始準備期末專題了嗎？

M Not yet, but I know I'd better start soon.

還沒耶，但我知道我最好快點開始。

📌 VOCABULARY

① **submission** [sʌbˋmɪʃən] *n.* 送交

② **impact** [ɪmˋpækt] *v.* 影響

③ **sharpen** [ˋʃɑrpn̩] *v.* 精進

④ **worksheet** [ˋwɜkˏʃit] *n.* 學習單

⑤ **assess** [əˋsɛs] *v.* 評估

⑥ **efficient** [ɪˋfɪʃənt] *adj.* 有效率的

⑦ **element** [ˋɛləmənt] *n.* 元素

⑧ **engaging** [ɪnˋgedʒɪŋ] *adj.* 有吸引力的

⑨ **requirement** [rɪˋkwaɪrmənt] *n.* 要求

⑩ **compose** [kəmˋpoz] *v.* 寫文章

💬 **課前小叮嚀！**

EMI 課程需學生本身主動參與才有意義，而非等教授提供資訊才知道要學什麼。因此，既然要參與 EMI 課程，同學們就應設定好自己的學習目標，專注於自己真正想學的知識上。此外，設定個人學習目標也可增強自主學習的能力，這不僅提高了 EMI 課程的學習效果，也有助於同學培養解決問題的技能。

🎧 MP3 12

☐ I'm hoping this course will give me a **solid**[1] foundation in artificial intelligence.
我希望這門課能為我在人工智慧方面打下堅實的基礎。

☐ I expect to learn from people with different perspectives and to enhance my critical thinking skills.
我希望向具有不同觀點的人學習並培養我的批判性思考能力。

☐ My main **expectation**[2] is to **acquire**[3] professional skills that will be useful in my career.
我的主要期望是習得對我的職涯發展有用的專業技能。

☐ Given the professor's **reputation**,[4] I expect to have some thought-**provoking**[5] discussions.
鑑於教授的好名聲，我期望在這堂課中能有一些發人深省的討論。

☐ I expect **genuine**[6] feedback on my performance so I can improve **consistently**[7] throughout the semester.

我期望我的表現得到真實的意見回饋，這樣我就能持續進步。

W → Woman M → Man

W You've taken Writing 101, right?

我想你已經上過寫作基礎課程了，對嗎？

M Yeah, and that's why I expect to really level up my writing skills in this class. I want to get beyond just doing the basics.

是的，這就是為什麼我希望在這堂課中真正提升我的寫作技巧。我想要的不僅僅是基礎能力。

W Jason, what drove you to take this course?

傑森，你為什麼想修這門課？

M Well, my main expectation is to enhance my presentation skills.

嗯，我的主要期望是要提升我的演講技巧。

M I heard that the guest speaker has been working in the manufacturing industry for ten years.

聽說演講來賓在製造業工作了十年。

W That's wonderful. I'm looking forward to learning more from an industry **professional**.[8]

那太好了。我期待向產業的專業人士多多學習。

Ⓜ I hope this class will help me improve my research abilities.
我希望這門課能幫我提升我的研究能力。

Ⓦ Yeah, so do I. I especially need to get better at analyzing data.
是，我也是，我尤其需要提升資料分析的能力。

Ⓦ The professor mentioned that we'll need to analyze up to ten case studies.
教授說我們要分析多達十個研究案例呢。

Ⓜ That's good. It'll allow us to use the theories we've been studying to solve real-world problems.
那好啊！這樣我們就能應用所學的理論知識來解決現實層面的問題。

📌 VOCABULARY

① **solid** [`sɑlɪd] *adj.* 堅實的；穩固的
② **expectation** [ˌɛkspɛk`teʃən] *n.* 期望
③ **acquire** [ə`kwaɪr] *v.* 習得
④ **reputation** [ˌrɛpjə`teʃən] *n.* 名聲
⑤ **provoking** [prə`vokɪŋ] *adj.* 刺激的
⑥ **genuine** [`dʒɛnjuɪn] *adj.* 真實的
⑦ **consistently** [kən`sɪstəntlɪ] *adv.* 持續地
⑧ **professional** [prə`fɛʃənl] *n.* 專家

分組機制
Grouping

分組討論在 EMI 課程中很常見。學生可以依照自身的能力或興趣來找人分組，這樣有助於確保成員能夠在合作中更有效地貢獻和學習。各位可以主動找他人一組，不一定要等著別人來找你喔！至於要怎麼開口，可參考以下例句多做練習。

🎧 MP3 13

☐ Jason, I think we can form a group and work well together.
傑森，我想我們可以在同一組共同做好專題。

☐ Linda, I'd love to team up with you if you're interested.
琳達，如果妳有興趣的話，我很樂意與妳組隊合作。

☐ Will, did you already find a group? If not, let's work together.
威爾，請問你已經找到組別了嗎？如果沒有的話，我們一起做吧。

☐ Amy, let's form a group since we already have such great discussions during class.
艾咪，我們同組合作吧，既然我們在課堂合作無間。

☐ Mike, we should team up again, okay? Our last project turned out great.
麥克，我們就再同組一次，好嗎？我們在上一個專題合作愉快。

Ⓦ Professor Cole, how many members are we allowed in a group?

科爾教授，一個小組最多可以有多少人？

Ⓜ Five members in a group, so you've got room for one more.

一組有五個人，所以你還可以再找一個。

Ⓦ Who is still looking for a group? Our team has a **spot**[1] open.

誰還在找組別的？我們這組還有空位。

Ⓜ I'm good at **analysis**,[2] and I'd love to join your group.

我擅長分析，我很想加入你們的小組。

Ⓜ Who wants to be in a group that **focuses**[3] on AI applications in banking?

誰想加入我們這組？我們想做人工智慧在銀行業的應用。

Ⓦ Yes, me. I've got some **background**[4] knowledge in AI programming.

好的，我想加入。我有一些人工智慧程式設計的背景知識。

Ⓦ We need one more person. Would you like to be the final member of our team, Steven?

我們還需要一個人，史蒂文，你願意加入我們這組嗎？

Ⓜ Sure, of course.

當然，好啊。

W Is anyone interested in exploring Python programming for the group project?

有人有興趣做 Python 程式設計類的專題嗎？

M I'm definitely interested. I know some Python, so I can help **debug**[5] the code.

我非常感興趣。我懂一些 Python，所以我可以幫忙修改程式。

🔖 VOCABULARY

① **spot** [spɑt] *n.* 空位

② **analysis** [ə`næləsɪs] *n.* 分析

③ **focus** [`fokəs] *v.* 聚焦

④ **background** [`bæk͵graʊnd] *n.* 背景

⑤ **debug** [di`bʌg] *v.* 除錯

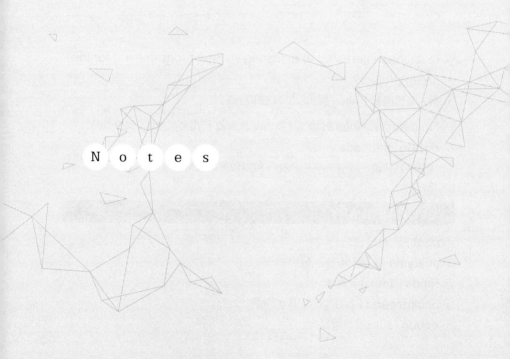

Notes

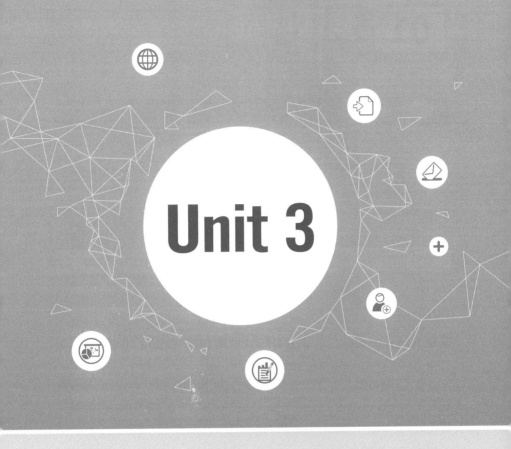

Unit 3

↕

參與課程活動
Participating in Class Activities

01 預習課程
Previewing Lessons

💬 課前小叮嚀！

課前預習在 EMI 課程中扮演舉足輕重的角色。首先，預習教材、熟悉課程內容不但能幫助同學們在課堂討論時提出更有意義的觀點，且當你對特定概念有基本了解時，在課堂中提問討論的機會也會增加。此外，預習還可以提高自信心，為批判思考鋪路，使自己在 EMI 課堂上能更主動地參與。所以奉勸各位一定要養成預習課程的良好學習態度喔！

🎧 MP3 14

☐ Before the professor **explains**[1] the details, let's get an overview of what Chapter 2 will cover.

在教授解釋細節之前，我們先來預習第二章要講的內容。

☐ From the **syllabus**,[2] it looks like today's lesson will focus on Bloom's taxonomy.

從教學大綱來看，今天的課程重點似乎是布魯姆分類法。

☐ Let's **skim**[3] the unit to get a sense of what it's all about.

讓我們先瀏覽一下這個單元，並了解在討論些什麼。

☐ I've **previewed**[4] the presentation file that Professor Chen provided, and it seems like we'll **dive into**[5] American history next.

我已經先看了陳教授提供的簡報，看來接下來是要深入探討美國歷史。

☐ I **peeked**[6] ahead, and I'm excited to see that we'll be learning different advertising **strategies**.[7]

我事先瞄了一下，看到我們將學到不同的廣告策略，真令人興奮。

Ⓦ → Woman　Ⓜ → Man

Ⓦ Let's take a look at the upcoming chapter before the class.

我們在上課前先來看一下接下來的章節。

Ⓜ Okay. It seems like it's an in **depth**[8] explanation of how large language models work.

好的。這似乎是對大型語言模型運作原理的深入解釋。

......

Ⓦ Do you know what will be covered in today's lecture?

你知道今天的講課內容會是什麼嗎？

Ⓜ If you look at the lesson **summary**,[9] it mentions that we'll be learning more about impression management.

如果你看課程摘要，我們將學到更多關於印象管理的知識。

......

Ⓜ Let's preview the next unit together.

我們一起來預習下個單元。

Ⓦ Sure. I'd suggest we brush up on our **algebra**[10] since it seems **integral**[11] to the next lesson.

好啊。我建議我們先複習一下代數，因為它似乎是下一課的重要部分。

......

Ⓜ Did you preview the introductory video that the professor **assigned**?[12]

你看過教授指派的介紹影片嗎？

Ⓦ Yes, I did. The next lesson will be on some of the applications of artificial intelligence in marketing.

是，我看過了。下一課應該是會討論人工智慧在行銷中的一些應用。

W Do you know what will we be discussing in today's class?
你知道今天課程會討論到什麼嗎？

M Let's look at the course outline here. Today's focus will be on social media marketing.
我們來看一下課程大綱。今天的重點是社群媒體行銷。

📌 VOCABULARY

① **explain** [ɪk`splen] *v.* 解釋

② **syllabus** [`sɪləbəs] *n.* 課程表

③ **skim** [skɪm] *v.* 瀏覽

④ **preview** [`pri͵vju] *v.* 預習

⑤ **dive into** （全心）投入

⑥ **peek** [pik] *v.* 瞄；偷看

⑦ **strategy** [`strætədʒɪ] *n.* 策略

⑧ **depth** [dɛpθ] *n.* 深度

⑨ **summary** [`sʌmərɪ] *n.* 摘要

⑩ **algebra** [`ældʒəbrə] *n.* 代數（學）

⑪ **integral** [`ɪntəgrəl] *adj.* 必要的

⑫ **assign** [ə`saɪn] *v.* 指派

💬 **課前小叮嚀！**

課後複習同樣也是 EMI 學習過程中的重要環節。除了鞏固課堂上所學的知識、加深印象避免忘記，複習時還能找出自己不懂的地方，及時跟同學討論以釐清觀念。總之，課後複習不只是重讀一次教材就好，它應該是一個深入理解並透過和同學討論以達到應用知識的學習過程。

🎧 **MP3 15**

☐ Let's go over the five key points of today's lecture together.
我們一起來複習今天課程的五個重點。

☐ Let's **quiz**[1] each other on the main ideas in today's class.
讓我們互相考一下對方關於今日課堂的要點。

☐ I made **flash cards**[2] for this unit, so maybe we can use them to review some of the key points.
我製作了此單元的閃卡，所以也許我們可以用它們來複習一些要點。

☐ We need to go through all the safety **procedures**[3] before starting the **experiment**.[4]
在開始實驗之前，我們需要先完成所有的安全程序。

☐ I summarized the main ideas of the chapter in my own words. They say it **facilitates**[5] **comprehension**.[6]
我用自己的話概述了這個章節的要點，這有助於理解。

W → Woman **M** → Man

W Did you understand the part where the professor talked about the **theoretical**[7] **framework**[8] that was used in the study?
教授談到研究中所使用的理論架構那部分你聽懂了嗎？

M Well, not really. Let's talk to the professor after the class and **clarify**[9] some details.
嗯，不是很懂。課後我們找教授討論並釐清一些細節吧。

M I think I missed the whole concept of "impression management."
我想我不是很懂「印象管理」的整個概念。

W No problem. I'd be happy to explain that section to you.
沒問題。我很樂意跟你解釋一下這個部分。

M How do you **interpret**[10] the author's argument in the journal article?
你會如何解讀作者在這篇期刊文獻中的論點呢？

W Well, I think the author meant that traditional sales methods are not suitable in today's market.
嗯，我認為作者的意思是傳統的銷售方式已不適合在當今的市場上使用了。

W This flow chart summarizes the **complete**[11] process.
這個流程圖歸納了完整的過程。

M Actually, I'm a bit confused. Can we go through it step-by-step together?
其實我還是有點困惑。我們可以一起逐步走一遍流程嗎？

Ⓜ This concept is really **complicated**,[12] and I feel totally lost.
這個概念真的很複雜，我覺得很困惑。

Ⓦ I found a pretty useful YouTube video that breaks down the concept. You should watch it.
我找到一個相當有用的 YouTube 影片，它詳細解說了這個概念。你應該要看看這影片。

📌 VOCABULARY

① **quiz** [kwɪz] *v.* 小考；測驗
② **flash card** *n.* 閃卡
③ **procedure** [prə`sidʒɚ] *n.* 步驟
④ **experiment** [ɪk`spɛrəmənt] *n.* 實驗
⑤ **facilitate** [fə`sɪlə,tet] *v.* 促進
⑥ **comprehension** [,kɑmprɪ`hɛnʃən] *n.* 理解
⑦ **theoretical** [,θiə`rɛtɪkḷ] *adj.* 理論的
⑧ **framework** [`frem,wɜk] *n.* 架構；框架
⑨ **clarify** [`klærə,faɪ] *v.* 釐清
⑩ **interpret** [ɪn`tɜprɪt] *v.* 解讀
⑪ **complete** [kəm`plit] *adj.* 完整的
⑫ **complicated** [`kɑmplə,ketɪd] *adj.* 複雜的

03 線上資源
Accessing Online Resources

💬 **課前小叮嚀！**

在數位化時代，於課堂中使用線上工具輔助學習已成為不可或缺的部分。有些 AI 工具可以提高學生的學習興趣和參與度，像是看 YouTube 影片、聽 Podcast 解說，或使用 Canva 做簡報等，不僅可以提高學習效率，也可賦予同學們更深入的學習體驗。所以，除了本單元例句中提到的一些線上資源之外，別忘了多跟同學交流一下，看看還有哪些好用的線上工具可使用喔！

🎧 MP3 16

☐ This online **tutorial**[1] is simply **fantastic**.[2] I think you should try it.
這個線上教學非常棒，我認為你應該看一下。

....

☐ Why don't you check out Udemy? They've got great lessons on this topic.
何不看看 Udemy？他們在這個主題方面有很棒的課程喔！

....

☐ There is a YouTube video that covers the ideas in the unit. Let me send you the link.
有一個 YouTube 影片涵蓋了這個單元中的概念。我把連結傳給你。

....

☐ I use Word-Wall to help me review new English vocabulary words.
我使用 Word-Wall 工具來幫助我複習新的英文單字。

....

☐ Coursera offers a course that **complements**[3] what we're learning now. Maybe we should sign up.

Coursera 有一門課程可以補強我們正在學習的內容。也許我們應該報名參加。

Ⓦ → Woman　Ⓜ → Man

Ⓜ I just don't know where I can find related journal articles.

我不知道在哪裡可以找到相關的期刊文獻。

Ⓦ Why don't you start with Google Scholar? Most of the sources there seem pretty **credible**.[4]

何不從 Google Scholar 學術網開始呢？那裡的大部分資料來源都相當可靠。

Ⓦ Do you also search YouTube channels for **relevant**[5] information?

你也會在 YouTube 頻道上搜尋相關資訊嗎？

Ⓜ Actually, I do. I've **bookmarked**[6] a few educational YouTube channels that cover AI development in detail.

對的，沒錯。我找到一些詳細介紹人工智慧開發的 YouTube 教育頻道並設為書籤了。

Ⓜ I'm thinking about joining an online study group.

我想加入線上讀書會。

Ⓦ Yes, it's helpful. I joined the Talk-Us study group. Do you want me to invite you?

是，的確有幫助。我已經加入了 Talk-Us 讀書會，你要我邀請你加入嗎？

Ⓜ The professor said that my papers have a lot of mistakes.

教授說我的論文有很多錯誤。

Ⓦ Well, you should use Grammarly to double-check your papers before **submitting**[7] them.

嗯，在送出作業之前你應該使用 Grammarly 工具來仔細檢查論文內容。

Ⓦ Have you tried Google Bard?

你試過 Google Bard 工具嗎？

Ⓜ Yes, I have. I'd be happy to show you how it works.

有啊，我用過。我很樂意操作給妳看要如何使用。

📌 VOCABULARY

① **tutorial** [tjuˋtorɪəl] *n.* 個別指導的教程

② **fantastic** [fænˋtæstɪk] *adj.* 很棒的

③ **complement** [ˋkɑmpləˌmɛnt] *v.* 互補

④ **credible** [ˋkrɛdəbl̩] *adj.* 可信賴的

⑤ **relevant** [ˋrɛləvənt] *adj.* 相關的

⑥ **bookmark** [ˋbʊkˌmɑrk] *v.* 設書籤

⑦ **submit** [səbˋmɪt] *v.* 送出

課前小叮嚀！

EMI 課程的目標之一是讓學生多點使用英文討論課業的機會，積極參與課堂活動對同學們的 EMI 學習過程至關重要。透過主動參與，能更深入地理解課程內容，並獲得教授和其他同學的回饋。此外，參與討論也能培養自己的溝通技巧和小組合作能力。因此，積極地參與 EMI 課堂討論不但可讓自己有更多開口說英文的機會，還可培養解決問題的能力喔！

🎧 MP3 17

☐ All right. The professor mentioned that we should first clarify the differences between the two theories.
好吧。教授有說我們要先弄清楚這兩個理論的差別。

☐ I think this theory **relates**[1] back to the journal article we studied last week, right?
看來這個理論跟我們上週研究的期刊文獻有關，對吧？

☐ I'm a bit **confused**[2] about these two pie charts. How do you interpret the information?
我對這兩個圓餅圖有點困惑。你如何解讀這些資訊？

☐ Let me share my notes on the topic first. I mean, if you think it would be helpful.
首先讓我分享一下針對這個單元的筆記。我的意思是，如果你們認為有幫助的話。

□ Okay, let's start with Bloom's taxonomy and **compare**[3] it with Fink's taxonomy. How about that?

好的,讓我們從 Bloom 分類法開始討論,再與 Fink 分類法進行比較。聽起來如何?

Ⓦ → Woman　Ⓜ → Man

Ⓦ I just want to make sure if it should be a plus or a minus here?

我只是想確定一下這裡應該是加號還是減號?

Ⓜ It should be a plus. Oh, there's a mistake in this **equation**[4] then.

這應該是一個加號吧。噢,那麼這個方程式有誤。

....

Ⓜ Let's try to relate this concept to our own experiences.

讓我們試著將這個概念與自身的經驗做個連結。

Ⓦ Sure. I do have a few **observations**[5] that I'd like to share.

當然。我確實有一些觀察想與大家分享。

....

Ⓦ Well, this concept is way to **abstract**[6] for me.

嗯,這個概念對我來說實在是太抽象了。

Ⓜ Okay, let me give you a real-world example of how this concept might be used.

好的,讓我舉個現實世界的例子來說明如何應用這個概念。

....

Ⓦ So, how much time do we still have to finish the task?

那麼,我們還有多少時間來完成這個課堂活動呢?

Ⓜ Twenty more minutes left, and then we'll need to **upload**[7] our PowerPoint file to the class folder.

還剩二十多分鐘,然後我們就要將簡報檔案上傳到班級資料夾中了。

Ⓜ We've got a huge group here. Could we break into smaller groups to discuss this further?

我們這組人有夠多。我們可以先分小組進一步討論這個議題嗎？

Ⓦ Good idea. I'll team up with Jason and analyze the company background.

好主意。我會和傑森一起分析公司背景。

📌 VOCABULARY

① **relate** [rɪˋlet] *v.* 關連

② **confused** [kənˋfjuzd] *adj.* 混淆的

③ **compare** [kəmˋpɛr] *v.* 比較

④ **equation** [ɪˋkweʃən] *n.* 方程式

⑤ **observation** [ˌɑbzɝˋveʃən] *n.* 觀察

⑥ **abstract** [ˋæbstrækt] *adj.* 抽象的

⑦ **upload** [ʌpˋlod] *v.* 上傳

05 分組討論
Group Discussions

💬 課前小叮嚀！

教授會在 EMI 課堂中設計小組討論的活動，同學們請務必好好把握機會與小組成員交流。要知道，透過與不同背景的同學交換意見，除了可以開拓思維和習得不同角度的觀點，小組討論也能培養自己以英文溝通和團隊合作的能力。總之，在 EMI 課程中參與小組討論不只是知識的交流，更是練習使用英文討論想法的寶貴機會。

🎧 MP3 18

☐ Let's start by selecting a team leader and a **presenter**.[1]
首先我們要先選一個組長和一個簡報者。

☐ All of you guys have read the journal article assigned for this week, right?
你們都讀過本週指派的期刊文獻了，對吧？

☐ I think we should list the key points we need to focus on first.
我認為我們應該先列出需要討論的課程要點。

☐ This concept is really **challenging**.[2] What **aspect**[3] should we focus on first? Any ideas?
要理解這個概念確實不容易。我們應該先從哪個部分切入？有任何想法嗎？

☐ It might be helpful if we draw a Venn diagram to help identify the **similarities**[4] and differences of the two theories.
如果我們畫一個文氏圖 (Venn diagram)，對於區別出這兩種理論的異同點可能會有幫助。

W → Woman   M → Man

M Susan, you seem to be familiar with Japanese culture. Could you **elaborate**[5] on the reading?

Susan，妳似乎很熟悉日本文化。能詳細說明一下閱讀內容嗎？

W I'll try. I think the author really **emphasizes**[6] that Japanese people value family bonds more than romantic relationships.

我試看看。我認為作者確實強調了日本人比起浪漫關係，更重視家庭紐帶。

M Wait a second. I think we are getting off track a bit.

等一下。我認為我們有點偏離主題了。

W Yeah, we should **pause**[7] for a moment and make sure we're on the same page before moving on.

是的，我們先暫停一下，確認我們討論的是一致的主題之後再繼續。

W Based on our discussion, it seems there is a **consensus**[8] already.

從討論結果來看，我們似乎已經達成了共識。

M Yes, we all agree that global warming is the biggest **threat**[9] that humans are currently facing.

是的，我們都同意全球暖化是人類當今面臨的最大威脅。

M Let's **divide**[10] the topics among us, and each person can present a summary later.

我們先來分配主題，稍後每個人可以做一個總結。

W That's a good idea. I can do the literature review part.

這是個好主意。我可以做文獻探討這個部分。

W All right, we've summarized all of the main points we need to make. So, who's going to present our findings?

好的，我們已經總結了所有需要說明的要點。那麼誰要報告我們的討論結果呢？

M I can do it.

我可以報告。

📌 VOCABULARY

① **presenter** [prɪˋzɛntɚ] *n.* 簡報者

② **challenging** [ˋtʃælɪndʒɪŋ] *adj.* 困難的

③ **aspect** [ˋæspɛkt] *n.* 方面；角度

④ **similarity** [ˌsɪməˋlærətɪ] *n.* 相似點

⑤ **elaborate** [ɪˋlæbəˌret] *v.* 詳加說明

⑥ **emphasize** [ˋɛmfəˌsaɪz] *v.* 強調

⑦ **pause** [pɔz] *v.* 停止

⑧ **consensus** [kənˋsɛnsəs] *n.* 共識

⑨ **threat** [θrɛt] *n.* 威脅

⑩ **divide** [dəˋvaɪd] *v.* 分開

06 輪流發言
Taking Turns

💬 **課前小叮嚀！**

在 EMI 小組討論過程中，輪流發言和尊重講者是極為重要的。每位同學都應該有公平的機會可以使用英文發表意見或討論課業，因此當其他同學在發言時，聽者務必仔細聆聽勿急著插話。能確實遵守輪流發言並尊重講者，是建立良好團隊合作和有效溝通的基礎。

🎧 **MP3 19**

☐ That's a good point, Jamie. But, can I add something?
這是個很好的觀點，傑米。但是，我可以做一些補充嗎？

☐ Okay, Sam. It's your turn now. What's your **position**[1] on this issue?
好的，山姆。輪到你發言了。你在這個議題上的立場是什麼？

☐ Before we move on, I'd like to emphasize the **importance**[2] of problem-solving skills.
在我們繼續討論之前，我想強調解決問題能力的重要性。

☐ I haven't spoken yet, so can I share my opinion on this?
我還沒有發言，我可以就此發表一下我的看法嗎？

☐ Jerry has made a good point. However, I have a **slightly**[3] different **perspective**.[4]
傑瑞提出了一個很好的觀點。然而，我的看法略有不同。

W Alan, you seem quiet today. Would you like to **comment**[5] on this point?

艾倫，你今天都很安靜。你能就這部分發表意見嗎？

M Sure, uh… I was actually thinking about some of the **consequences**[6] of the policy.

是的，呃⋯⋯ 我其實是在考慮這個政策的一些後果。

M Well, can I come in here? I mean, I really have to mention that…

嗯，我可以插話嗎？我的意思是說，我真的不得不提一下⋯⋯

W Jason, you seemed **eager**[7] to comment on this, but can you wait until May finishes, please?

傑森，你似乎很想對此議題發表評論，但你能等到梅講完再發表意見嗎？

M Let's **ensure**[8] everyone has a chance to **express**[9] their ideas. Now, it's May's turn. Go ahead.

讓我們確保每個人都有機會表達想法。現在，輪到梅了。請說。

W Well, I mean, it's not **reasonable**[10] to expect us to finish the project in less than two months.

嗯，我想說的是，期望我們在不到兩個月的時間完成這個專案是不合理的。

M Thank you for sharing, Vivian. It seems that we're all in agreement.

謝謝你的分享，薇薇安。看來我們的意見一致。

W Actually, I'd like to offer a **counterpoint**[11] to Vivian's analysis.

其實，我想對薇薇安的分析提出一個相反的觀點。

M Mary, you've been quiet. Do you have any insights on this **matter**?[12]

瑪麗，妳都沒發表意見。妳對這個議題有什麼見解嗎？

W Well, actually, I agree with you guys. I can provide a relevant example though.

嗯，其實，我同意你們的觀點。我倒是可以提供一個相關的例子。

📌 VOCABULARY

① **position** [pəˋzɪʃən] *n.* 立場

② **importance** [ɪmˋpɔrtn̩s] *n.* 重要性

③ **slightly** [ˋslaɪtlɪ] *adv.* 稍微

④ **perspective** [pɚˋspɛktɪv] *n.* 看法

⑤ **comment** [ˋkɑmɛnt] *v.* 評論

⑥ **consequence** [ˋkɑnsəˏkwɛns] *n.* 後果

⑦ **eager** [ˋigɚ] *adj.* 急切的

⑧ **ensure** [ɪnˋʃʊr] *v.* 確認

⑨ **express** [ɪkˋsprɛs] *v.* 表達

⑩ **reasonable** [ˋriznəbl̩] *adj.* 合理的

⑪ **counterpoint** [ˋkaʊntɚˏpɔɪnt] *n.* 相反意見

⑫ **matter** [ˋmætɚ] *n.* 事件

07 呈現結果
Presenting Results

🎧 MP3 20

☐ After thorough discussion, our group agrees that the government should **invest**[1] more in developing **renewable**[2] energy resources.

經過充分討論，我們小組一致認為政府應增加對再生能源開發的投資。

☐ We considered various options and **concluded**[3] that face-to-face communication is the best way to avoid **misunderstanding**.[4]

經過多方面的考量，我們得出的結論是：面對面的溝通是避免誤解的最佳方式。

☐ The majority of our team members felt that social media is the most **effective**[5] advertising strategy.

多數的組員都認為社群媒體是最有效的廣告策略。

☐ Our members had varied perspectives; however, we agree that AI will completely **transform**[6] the way people work in the future.

我們的組員有各種不同的觀點；然而，我們一致認為人工智慧將徹底改變人們未來的工作方式。

☐ The most important theme in our discussion was the **significance**[7] of education.

我們的小組討論中最重要的議題是教育的重要性。

W → Woman   M → Man   T → Teacher

M Okay, so we need to present our findings.

好的,所以現在我們要報告討論結果了。

W Well, I think we can say that the advantages of the Internet **outweigh**[8] the disadvantages.

我想我們可以說網路的利大於弊。

T So, Group 5, please go ahead and share your findings with the class.

那麼,第五組,請與全班分享你們的討論結果。

M Sure. Our group members all agree that expanding business internationally can be very challenging.

當然。我們的組員都認為,在國際上拓展業務是極具挑戰性的。

T All right. What's your key takeaway after performing this case study?

好吧。完成此案例研究後,你們主要學到什麼?

W Well, members in our team mostly align with the view that the business should **establish**[9] partnerships with other companies.

是的,我們組員都認為企業應該與其他公司建立合作關係。

T What do you have to say about this issue?

對於這個議題你有什麼想說的？

W We'd like to emphasize our **collective**[10] belief in the significance of budgeting.

我們想強調我們全組都認為預算部分是極其重要的。

T Okay, Team 3. It's your turn to present your discussion results.

好的，第三組，輪到你們陳述討論結果了。

W Right. We think that the government can attract people to **relocate**[11] to rural areas by creating an **affordable**[12] housing program.

是的。我們認為政府可以透過制定經濟房價計劃來吸引人們搬遷到鄉村地區。

📌 VOCABULARY

① **invest** [ɪn`vɛst] *v.* 投資
② **renewable** [rɪ`njuəbl] *adj.* 再生的
③ **conclude** [kən`klud] *v.* 下結論
④ **misunderstanding** [ˋmɪsʌndəˋstændɪŋ] *n.* 會錯意
⑤ **effective** [ɪˋfɛktɪv] *adj.* 有效的
⑥ **transform** [trænsˋfɔrm] *v.* 改變
⑦ **significance** [sɪgˋnɪfəkəns] *n.* 重要性
⑧ **outweigh** [autˋwe] *v.* 超越
⑨ **establish** [əˋstæblɪʃ] *v.* 建立
⑩ **collective** [kəˋlɛktɪv] *adj.* 共同的
⑪ **relocate** [riˋloket] *v.* 搬遷
⑫ **affordable** [əˋfɔrdəbl] *adj.* 負擔得起的

08 同儕互評
Peer Review

💬 **課前小叮嚀！**

同學之間互相針對簡報給予意見回饋是 EMI 課程學習過程中很重要的一環，但在進行時應注意以下事項：首先，要保持客觀公正，避免個人偏見影響評價。此外，評論應具建設性，指出問題的同時也要提供改善建議。最後很重要的是，必須尊重每一位同學的努力，即使有不足，也應給予正面的鼓勵！

🎧 MP3 21

☐ I really like the way Jason **structured**[1] his presentation. It was well organized.

我真的很喜歡傑森架構他簡報的方式。組織性處理得很好。

......

☐ If I were Linda, I would use a clearer topic sentence and a more **compelling**[2] example.

如果我是琳達，我會使用更清晰的主題句和更具說服力的例子。

......

☐ We think William's argument is really **convincing**,[3] but we'd like to see more **specific**[4] examples.

我們認為威廉的論點確實很有說服力，但還是希望看到更具體的例子。

......

☐ I would suggest that May **consider**[5] relocating the discussion part to the end of her presentation.

我建議梅可以考慮將討論部分移至簡報的最後。

......

☐ Tiffany's story really held our attention, and we were eager to find out what happened next.

蒂芙妮的故事確實引起我們的注意，我們都很想知道接下來發生什麼事。

W → Woman M → Man

M How you think I can **improve**[6] my presentation?

你認為我可以如何改善我的簡報？

W Well, I noticed some **repetitive**[7] phrasing in the beginning. Maybe you could **vary**[8] your word choices next time.

嗯，我有注意到剛開始的時候有些重複的措詞。也許下次你可以多換句話說。

W Well, what do you mean by "small businesses will survive"? It's a bit **ambiguous**.[9]

那麼，你所說的「小企業將可生存」是什麼意思？這部分有點模稜兩可。

M Okay, good question. Let me use an example to **illustrate**[10] what I mean.

是的，好問題。我想我可以用個例子來說明我的意思。

W The sentences in the last few slides are a bit lengthy.

最後幾張投影片中的句子有點長。

M Right. It's better to make them more **concise**.[11] Thank you for bringing that up.

是的。我最好讓它們變得更簡潔。謝謝你提出這個建議。

M Can you go back to the fifth slide, please? There are some typos in this part.

你可以回到第五張投影片嗎？這部分有一些錯字。

W Oh, yeah. It should be "advice", not "advise". Thank you.

哦，是的。應該是 advice，而不是 advise。拼錯了，謝謝提出。

W The references you use are **insightful**,[12] but the **citation**[13] **format**[14] is not correct.

你對參考文獻的使用很有洞見，但引用格式不正確耶。

M Oops! All right, I'll make sure that the citations are formatted correctly in my final report.

哎呀！是的，我會確認最終版的報告中引文的格式是正確的。

🖉 VOCABULARY

① **structure** [`strʌktʃɚ] *v.* 架構

② **compelling** [kəm`pɛlɪŋ] *adj.* 強力的

③ **convincing** [kən`vɪnsɪŋ] *adj.* 具說服力的

④ **specific** [spɪ`sɪfɪk] *adj.* 特定；明確的

⑤ **consider** [kən`sɪdɚ] *v.* 考慮

⑥ **improve** [ɪm`pruv] *v.* 改善

⑦ **repetitive** [rɪ`pɛtɪtɪv] *adj.* 重複的

⑧ **vary** [`vɛrɪ] *v.* 多變化

⑨ **ambiguous** [æm`bɪgjuəs] *adj.* 模糊的

⑩ **illustrate** [`ɪləstret] *v.* 解釋；說明

⑪ **concise** [kən`saɪs] *adj.* 精簡的

⑫ **insightful** [`ɪn͵saɪtfəl] *adj.* 有見解的

⑬ **citation** [saɪ`teʃən] *n.* 引用；引文

⑭ **format** [`fɔrmæt] *n.* 型式

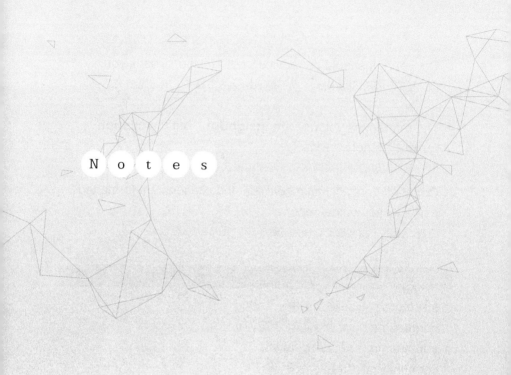

Notes

Unit 4

↕

提升溝通技巧
Enhancing Communication Skills

💬 課前小叮嚀！

在 EMI 課堂中經常會需要用英文來表達意見，這不僅可培養同學們批判思考和分析問題的能力，也讓大家有實際使用英文溝通的機會。透過和他人交換意見，可以聽到不同觀點，並在討論中建立更強的自信心。在這個單元，一起來練習如何「表達看法」，提升自己積極參與課堂討論的自信吧！

🎧 MP3 22

☐ I think it's really important to **preserve**[1] natural resources.
我認為保護自然資源非常重要。

☐ In my opinion, the Internet has changed the way people communicate.
在我看來，網路已改變了人們溝通的方式。

☐ From my point of view, the new **regulation**[2] might have unexpected **consequences**.[3]
在我看來，新政策可能會帶來意想不到的後果。

☐ I believe that **participating**[4] in outdoor activities can greatly benefit your health.
我相信參與戶外活動對健康大有裨益。

☐ I feel that each team member should have an opportunity to **voice**[5] their thoughts.
我覺得每位組員都應該有機會表達想法。

W → Woman M → Man

W Do you think that technology has made people's lives easier?
你認為科技讓我們的生活變得更輕鬆了嗎？

M Well, it seems to me that technology has made our lives more complex in some ways.
嗯，在我看來，科技在某些方面其實是讓我們的生活變得更加複雜。

W Let's talk about some of the benefits of traveling. What do you think, Jason?
我們來談談旅行的一些好處。你覺得呢，傑森？

M I hold the view that traveling **widens**[6] people's perspectives.
我認為旅行開闊了人們的視野。

W Is it important to strike a balance between work and **leisure**?[7]
在工作和休閒之間取得平衡很重要嗎？

M Definitely. I reckon that a balance between work and leisure is pretty important for people's health.
當然。我認為工作和休閒之間的平衡對人們的健康很重要。

M How did you like the presentation?
你覺得這次演講怎麼樣？

W If you ask me, it was a bit too long.
真的要說的話，我是覺得有點太長了。

Ⓜ Do you prefer to text your friends or talk with them on the phone?
你喜歡傳簡訊給朋友還是透過電話與他們交談？

Ⓦ Based on my experience, it's always best to talk directly with people to avoid misunderstandings.
根據我的經驗，最好直接面對面交談以避免產生誤解。

✏ VOCABULARY

① **preserve** [prɪˋzɝv] *v.* 保育；保存
② **regulation** [͵rɛgjəˋleʃən] *n.* 政策；規章
③ **consequence** [ˋkɑnsə͵kwɛns] *n.* 後果；結果
④ **participate** [parˋtɪsə͵pet] *v.* 參與
⑤ **voice** [vɔɪs] *v.* (用言語) 表達
⑥ **widen** [ˋwaɪdn̩] *v.* 拓寬；擴大
⑦ **leisure** [ˋliʒɚ] *n.* 休閒；閒暇時間

02 表達同意
Expressing Agreement

🎧 MP3 23

☐ I completely agree with you. Learning English is really important.
我完全同意你的觀點，學習英文非常重要。

☐ You're **absolutely**[1] right. Hiring more sales **representatives**[2] is a good **strategy**.[3]
你說的完全正確。僱用更多的業務代表是個好策略。

☐ That's exactly what I'm thinking. The importance of education cannot be **underestimated**.[4]
這正是我想的。教育的重要性不可小覷。

☐ That's a **valid**[5] point, Jerry. Excellent communication skills are important in the workplace.
這是一個正確的觀點，傑瑞。優秀的溝通技巧在職場上非常重要。

☐ I couldn't agree with you more, Linda. Global warming is the biggest threat that we are facing.

我非常同意你的觀點，琳達。全球暖化是我們面臨的最大威脅。

W → Woman M → Man

Ⓜ I think the government should develop more subway **routes**.[6]

我認為政府應該開發更多的地鐵路線。

Ⓦ Yes, I feel the same way.

是的，我也有同感。

Ⓦ The company needs to **adjust**[7] their sales strategies.

公司需要調整銷售策略。

Ⓜ I see where you're coming from, and I agree.

我明白你的意思，而且我同意。

Ⓜ I **advocate**[8] for more government investment in alternative energy resources.

我主張政府應加大對替代能源的投資。

Ⓦ Exactly. On this issue, we're on the same side.

沒錯。在這個議題上，我們立場一致。

Ⓜ A good education system has the power to **transform**[9] a society.

良好的教育體系具有改變社會的力量。

Ⓦ You've got a point there.

你說的有道理。

W Many **experts**[10] have mentioned the importance of quality sleep.

很多專家都提到了優質睡眠的重要性。

M That's exactly how I feel as well.

我也這麼覺得。

📌 VOCABULARY

① **absolutely** [ˋæbsəˌlutlɪ] *adv.* 完全地；絕對地

② **representative** [ˌrɛprɪˋzɛntətɪv] *n.* 代表

③ **strategy** [ˋstrætədʒɪ] *n.* 策略

④ **underestimate** [ˌʌndəˋɛstəˌmet] *v.* 低估

⑤ **valid** [ˋvælɪd] *adj.* 有效的；合理的

⑥ **route** [rut] *n.* 路線

⑦ **adjust** [əˋdʒʌst] *v.* 調整

⑧ **advocate** [ˋædvəˌket] *v.* 擁護；提倡

⑨ **transform** [trænsˋfɔrm] *v.* (使) 改變

⑩ **expert** [ˋɛkspət] *n.* 專家

課前小叮嚀！

若有相同的意見，自然就可能有相左的意見了。在 EMI 小組討論中要表達反對的立場時，務必對事冷靜、對人尊重，如此你提出的觀點更可能被接受。明確表達不同見解時，可以用最基本的句子 I've got a different view. 或 I'm not too sure about it. 來開始。同樣地，提供具體的理由或證據來說明你的立場，也能讓自己所持的反對意見更具說服力！

🎧 MP3 24

☐ I'm not too sure about **expanding**[1] product lines at this point.
我不是很確定現階段要擴充產品線是否恰當。

☐ I disagree with Jason on this point. Working on school projects is definitely not a waste of time.
我不同意傑森的觀點。做學校專題絕對不是浪費時間。

☐ The idea probably won't work because we don't have enough time to spend on it before the **deadline**.[2]
這個辦法可能行不通，因為我們在截止日期之前沒有足夠的時間來處理它。

☐ The main **flaw**[3] I found in the research is that it didn't include a detailed account of the **experimental**[4] **procedures**[5] that were used.
我在這項研究中發現的主要缺陷是它並沒有詳細說明所使用的實驗程序。

☐ I don't see the point of this research because so many previous studies have already **proven**[6] the stated hypothesis.

我不明白這項研究的意義，因為許多先前的研究已經證明了這個假設。

W → Woman   M → Man

W Good-looking people have it much easier finding jobs.

長得好看的人更容易找到工作。

M Well, I'm afraid I can't go along with that idea.

嗯，恐怕我無法認同這樣的看法。

M There hasn't been enough research done to prove or disprove this theory.

目前還沒有足夠的研究來證明或反駁這個理論。

W Yeah, that's why I'm not totally convinced.

是，這就是為什麼我不完全相信這說法。

W I think eating five eggs a day is beneficial for people's health.

我認為每天吃五顆雞蛋對人們的健康有益。

M That doesn't make sense.

這沒什麼根據吧。

M It's mentioned in the reading that working from home is better than working in the office.

在此文章中提及在家工作比在辦公室工作好。

W I'd say it really depends on the situation.

我認為這應該視情況而定。

M Linda didn't include any details about how the plan would be **executed**.[7]

琳達沒有提供這個計畫將如何執行的任何細節。

W That's why I have **reservations**[8] about her proposal.

這就是為什麼我對她的提案持保留態度。

📌 VOCABULARY

① **expand** [ɪk`spænd] *v.* 拓展
② **deadline** [`dɛd͵laɪn] *n.* 截止期限
③ **flaw** [flɔ] *n.* 錯誤；裂隙
④ **experiment** [ɪk`spɛrəmənt] *n.* 實驗
⑤ **procedure** [prə`sidʒə] *n.* 步驟；程序
⑥ **prove** [pruv] *v.* 證明
⑦ **execute** [͵ɛksɪ`kjut] *v.* 操作；執行
⑧ **reservation** [͵rɛzə`veʃən] *n.* （態度上）保留

04 舉例佐證
Supporting Ideas

在學術討論中，善用具體例子作為佐證非常重要，不但能說明抽象概念、讓複雜的理論更易於理解，更可以增加自己論證的說服力。所以在討論中提的意見最好不要是「我就是這麼感覺，沒為什麼」，而是應該基於研究、數據或具體的狀況來論述，才有助於建立論點的可信度！

🎧 MP3 25

☐ According to a study published in 2020, it's evident that the earlier children start to learn a foreign language, the more **effortless**[1] it is for them to become **proficient**.[2]

根據 2020 年發表的一項研究指出，很顯然地，孩子越早開始學習外語就越容易精通。

☐ The data provided by the researchers clearly shows that the birth rate **declined**[3] sharply in 2009.

研究人員所提供的數據可以清楚地看出，2009 年的出生率急遽下降。

☐ The **evidence**[4] suggests that healthy diet is key to mental well-being as well.

有證據顯示，健康的飲食也是影響心理健康的關鍵。

☐ A **vivid**[5] example is that students **master**[6] their speaking fluency when **immersing**[7] themselves in an English speaking environment.

一個最佳的例子是，學生沉浸在說英語的環境中，更容易精進口說的流利度。

☐ An article in the July issue of *Business Week* found that an increasing number of workers prefer to work from home.
《商業周刊》七月號當中的一篇文章寫到，越來越多的上班族更喜歡在家工作。

W → Woman   M → Man

W What do you mean by "nature's wonders"? Can you give me an example?
你說的「大自然的鬼斧神工」是什麼意思？可以給個例子嗎？

M Sure. The Grand Canyon in the U.S. is a pretty **compelling**[8] example of one of nature's wonders.
當然。美國的大峽谷就是個自然奇觀的最佳例子。

W This journal article about renewable energy is a bit difficult for me to **comprehend**.[9]
關於再生能源的這篇期刊文獻，對我來說有點難以理解。

M Basically, researchers have found that using **sustainable**[10] energy sources is crucial in reducing carbon emissions.
基本上，研究人員已發現使用永續能源對於減少碳排放至關重要。

W Jason, can you explain what this sentence means?
傑森，你能解釋一下這句話的意思嗎？

M Sure. To take a simple example, think of how babies learn a language. They begin learning by listening before they start speaking, right?
當然可以。舉個簡單的例子，想想嬰兒是如何學習語言的。他們在開始說話之前是透過聽力來開始學習的，沒錯吧？

M The professor says my sentences are **ambiguous**.[11]
教授說我的句子含糊不清耶。

W Let's see here. Okay, try to be more specific. Instead of saying "I study vocabulary," you could say "I learn five new English words every day."
讓我看一下喔。好吧,說得更具體一點。你可以說「我每天學五個新的英文單字」,而不是只說「我學習字彙。」

W So, we need to analyze this journal article.
所以,我們要來分析這篇期刊文獻。

M The author's main point seems to be that early childhood education significantly affects personality development.
作者的主要觀點似乎是,幼兒教育對個性發展有顯著影響。

📌 VOCABULARY

① **effortless** [ˋɛfətlɪs] *adj.* 不費力的

② **proficient** [prəˋfɪʃənt] *adj.* 流利的

③ **decline** [dɪˋklaɪn] *v.* 下降

④ **evidence** [ˋɛvədəns] *n.* 證據

⑤ **vivid** [ˋvɪvɪd] *adj.* 生動的

⑥ **master** [ˋmæstə] *v.* 精進

⑦ **immerse** [ɪˋmɝs] *v.* 沉浸

⑧ **compelling** [kəmˋpɛlɪŋ] *adj.* 令人信服的

⑨ **comprehend** [ˌkɑmprɪˋhɛnd] *v.* 理解

⑩ **sustainable** [səˋstenəbl̩] *adj.* 可持續的

⑪ **ambiguous** [æmˋbɪgjuəs] *adj.* 模糊的

💬 **課前小叮嚀！**

在 EMI 課程的小組討論中除了發表看法，更要深入解釋原因以幫助小組成員容易理解特定觀點或看法。而要深入解釋某議題，首先需要明確且具體地描述事實，避免模糊或籠統的說法。其次，也可提供具體證據來支持自己的觀點，如數據、研究或案例等。

🎧 MP3 26

☐ I think Obama won in 2008 because he inspired a lot of people who didn't normally vote to register and vote for him.

我認為奧巴馬在 2008 年贏得選舉是因為他激勵了很多平常不投票的人前來登記並投票支持他。

☐ When planning to expand a business internationally, it's obviously a good idea to take cultural issues into consideration.

當計劃拓展海外業務時，顯然也應該將地方文化列入考量。

☐ We can't afford to underestimate the importance of education.

我們不能低估教育的重要性。

☐ As I mentioned earlier, we should review the literature on the topic and then see if we can identify any gaps in the research.

正如我之前提到的，我們應該審查有關這個主題的文獻，然後看看是否能夠找出研究中的任何缺漏。

☐ This issue may be worth exploring, especially given its potential **impact**[1] on children's emotional development.

這個議題值得探討，尤其是對孩子情緒發展的潛在影響這個層面。

W → Woman　**M → Man**

W Jason, what do you mean by "it's not all"?

傑森，你說「這還不是全部」是什麼意思？

M Well, I mean, in addition to the problems posed by global warming, there are still other environmental challenges.

嗯，我的意思是說，除了全球暖化帶來的問題之外，其實還有其他環境問題。

M Linda, what do you mean by more **comparison**[2] is needed?

琳達，妳說需要更多比較是什麼意思？

W I just think it would help to know more about the similarities and differences between the two theories.

我只是認為這將有助於更了解這兩個理論之間的異同。

M Our discussion should not be limited to the political impact of social media, right?

我們的討論不應該侷限於社群媒體的政治影響，對吧？

W You're right. There is, for example, a strong **correlation**[3] between social media use and **anxiety**[4] among young people.

沒錯。例如，社群媒體的使用與年輕人感到焦慮兩者之間有強烈的相關性呢！

W Should we address the resource gap issue?
我們應該討論城鄉差距的議題嗎？

M Of course. Students in rural areas without **access**[5] to technology face some significant disadvantages.
當然。農村地區的學生無法使用先進科技便會面臨某些嚴重的劣勢。

M It says here in this article that a complete education should extend beyond the teaching of traditional academic subjects.
本文指出，完整的教育應該不僅僅局限於傳統學科的教學。

W That's right. Training in emotional intelligence and critical thinking skills should also be **incorporated**.[6]
是的。情緒管理和批判性思考能力的訓練也應該納入其中。

📌 VOCABULARY

① **impact** [ˋɪmpækt] *n.* 影響；衝擊
② **comparison** [kəmˋpærəsṇ] *n.* 比較
③ **correlation** [ˌkɔrəˋleʃən] *n.* 關連性
④ **anxiety** [æŋˋzaɪətɪ] *n.* 焦慮
⑤ **access** [ˋæksɛs] *n.* 取得；存取
⑥ **incorporate** [ɪnˋkɔrpəˌret] *v.* 整合；納入

06 比較異同
Comparing and Contrasting

 課前小叮嚀！

在 EMI 課程中教授可能會指派數篇文獻閱讀的作業，所以具備整合比較這些文獻的能力就相形重要了。透過比較不同來源的資訊，同學不僅能判斷出各種觀點和數據之間的異同，還能練就解讀資訊差異的重要能力。因此，在討論 EMI 課堂問題或做出小組決策時，務必先整合並比較資訊，才能產出全面且深入的作業成果。

🎧 MP3 27

☐ Both **approaches**[1] have their **merits**,[2] but for this project let's use the **qualitative**[3] method to explore the "why" and "how" of consumer decision making.

兩種方法各有優點，但在這個專題中，讓我們用質性研究來找出消費者做購買決定的「原因」和「方式」。

....

☐ The English language and the German language seem totally different, but they actually have a lot in common.

英語和德語看似完全不同，但其實有許多共通點。

....

☐ Traditional ballet is very different from modern dance; the latter allows for a greater range of possible movement.

傳統芭蕾舞與現代舞有很大的差異，後者允許更大範圍的可能活動。

....

☐ It's **unwise**[4] to **assume**[5] independence and selfishness are the same.

把「獨立」和「自私」視為同一回事是不明智的。

....

☐ Learning English is one thing, but using the language to learn an unrelated professional subject is an entirely different story.

學英文是一回事，但使用這個語言來學習不相關的專業學科則完全是另一回事。

W → Woman　M → Man

W Okay, so we need to compare urban living and rural living.

好的，所以我們需要比較城市生活和鄉村生活。

M Yes. I think urban living offers greater convenience, while rural living is often **associated**[6] with a slower pace of life.

是的。我認為城市生活提供了更大的便利，而鄉村生活往往就是較慢的生活節奏。

M Let's compare economic growth and environmental conservation.

我們來比較一下經濟成長和環境保護。

W Wait a second. Economic growth and environmental conservation are two **separate**[7] issues actually.

等一下。經濟成長和環境保護其實是兩個獨立的議題耶。

W All right, so this teaching approach is beneficial for elementary school students.

好的，所以這種教學方式對小學生來說是有益的。

M Well, I don't think it's only good for elementary school students. I would say the same strategy would work in middle schools and high schools too.

我不認為它只對小學生有益；我認為同樣的教學策略也適用於國高中。

Ⓜ The article **contends**[8] young people think e-books will eventually **replace**[9] paper books.

這篇文章指出年輕人認為電子書最終將取代紙本書。

Ⓦ Some people may argue that paper books will disappear; however, I still believe traditional paper books have their market.

有些人可能認為紙本書會消失；但是，我仍然相信傳統的紙本書有其市場。

Ⓦ Let's discuss Bloom's **taxonomy**[10] and Fink's taxonomy.

我們來討論一下布魯姆分類法和芬克分類法。

Ⓜ These two taxonomies are very similar, but they have different **elements**.[11]

這兩個分類法非常相似，但它們有著不同的元素。

📌 VOCABULARY

① **approach** [əˋprotʃ] *n.* 方法

② **merit** [ˋmɛrɪt] *n.* 優點；價值

③ **qualitative** [ˋkwɑləˌtetɪv] *adj.* 質性研究；定性研究

④ **unwise** [ʌnˋwaɪz] *adj.* 不智的

⑤ **assume** [əˋsjum] *v.* 假設；認為

⑥ **associate** [əˋsoʃɪˌet] *v.* 與……關聯

⑦ **separate** [ˋsɛprɪt] *adj.* 分開的；個別的

⑧ **contend** [kənˋtɛnd] *v.* 主張；聲稱

⑨ **replace** [rɪˋples] *v.* 取代

⑩ **taxonomy** [tækˋsɑnəmɪ] *n.* （生物）分類法

⑪ **element** [ˋɛləmənt] *n.* 元素

課前小叮嚀！

一般國外的學生在課堂討論中聽取要點及答案之後，通常還會繼續問 "Because...?"，可見得在小組討論時，講述「因果關係」對於理解問題本質或可能的影響極其重要。所以在平時就必須培養自己具備邏輯性講述因果關係的能力，在 EMI 小組討論時才能分析問題發生的原因、預見可能的結果，進而發想可行的解決方案。

🎧 MP3 28

☐ **Excessive**[1] screen time can lead to eye strain issues, so parents should limit their children's screen time.

看螢幕時間過長會導致眼睛疲勞，因此家長應限制孩子們盯著螢幕的時間。

....

☐ Due to the **considerable**[2] growth of online shopping, many traditional retail stores are experiencing a significant decrease in sales.

由於線上購物的大量增長，許多傳統零售商店的銷售額出現顯著下滑。

....

☐ The rise of artificial intelligence has totally **revolutionized**[3] the way people work.

人工智慧的興起徹底改變了人們的工作方式。

....

☐ **Prolonged**[4] stress can **trigger**[5] serious mental and physical problems.

長期壓力會引發嚴重的心理和身體健康問題。

☐ Because of the war, many people are forced to leave the country.
由於戰爭，許多人被迫離開家園。

W → Woman M → Man

W Let's talk about the causes of global warming.
我們要討論全球暖化的原因。

M Obviously, increased levels of greenhouse gas emissions have led to global warming.
很顯然，溫室氣體排放量的增加導致了全球暖化。

W Okay, the discussion question here is whether the government should invest more in renewable energy.
好的，這裡要討論的問題是政府是否應該擴大對再生能源的投資。

M Yes. It would contribute to a decrease in greenhouse gas emissions.
要啊。這樣有助於減少溫室氣體的排放。

W The use of the iPad as an educational tool in classrooms is common in Taiwan.
在台灣，使用平板作為教學輔助工具是很常見的。

M Indeed. **Integrating**[6] technology into education allows students to have a better learning experience.
確實如此。將科技融入教育可以讓學生得到更好的學習體驗。

M This unit is about regular exercise.

這個單元是在討論定期運動。

W Right. We can say that in order to **ensure**[7] **optimal**[8] health, regular exercise is **necessary**.[9]

沒錯，我們可以說為了確保最佳健康狀態，定期運動是必要的。

W According to the article, people nowadays have poor sleep quality.

根據文章所述，現代人的睡眠品質都很差。

M Yeah, that's because everyone looks at their screens before bedtime.

是呀，那是因為每個人都在睡前看手機。

📌 VOCABULARY

① **excessive** [ɪk`sɛsɪv] *adj.* 過度的

② **considerable** [kən`sɪdərəbl] *adj.* 大量的

③ **revolutionize** [ˌrɛvə`luʃənˌaɪz] *v.* 革新

④ **prolonged** [prə`lɔŋd] *adj.* 長期的；持續很久的

⑤ **trigger** [`trɪgɚ] *v.* 引起

⑥ **integrate** [`ɪntəˌgret] *v.* 整合

⑦ **ensure** [ɪn`ʃʊr] *v.* 確保

⑧ **optimal** [`ɑptəməl] *adj.* 最佳的

⑨ **necessary** [`nɛsəˌsɛrɪ] *adj.* 必要的

08 換句話說
Paraphrasing

💬 課前小叮嚀！

在學術演講或寫作時，paraphrasing（換句話說）是一種極度重要的表達方式。這種策略是透過重新組織所使用的句型及使用不同的詞彙，來重新表述原先的意思，尤其是在寫學術作業或論文時更是相形重要。因此，同學們在參與 EMI 課程討論或寫課後作業時，務必要適當運用 paraphrasing 的技巧，以提高學術內容的可接受性喔！

🎧 MP3 29

☐ When writing a thesis, it's necessary to provide an **interpretive**[1] overview of the literature related to the topic, and to do it in your own words.
在寫論文時，有必要對與主題相關的文獻提供一個解釋性的概述，並且要用自己的話來表達。

☐ Don't use technical **jargon**[2] when presenting. Rephrase and simplify complex language instead.
做簡報時不要使用技術術語；應該使用簡化過的措辭來解釋複雜概念。

☐ In order to accurately paraphrase an argument, you have to understand the original context that it was made in.
你必須要先了解原文的語意脈絡，這樣才能正確地換句話說。

☐ Skillful paraphrasing **demonstrates**[3] both your comprehension and your writing skills.
可以很熟練地換句話說證明你有充分的理解力和寫作力。

☐ Using **synonyms**[4] is one way to paraphrase an idea.
使用同義詞是解釋觀點的一種方式。

W → Woman   M → Man

W The professor has emphasized that we must avoid **plagiarism**.[5]
教授強調了一定要避免抄襲。

M Exactly. So that's why we need to use effective paraphrasing strategies in academic writing.
沒錯。這就是為什麼我們要在學術寫作中有效使用換句話說的策略。

M It says here "the novel's **denouement**[6] left readers feeling **ambivalent**."[7] What does that mean?
這裡說「小說的結局讓讀者感到矛盾」。是什麼意思啊？

W It means that the book's ending left readers with mixed feelings.
其意思是這本書的結局讓讀者百感交集。

M I have good sources, but the professor says I'm **quoting**[8] them too much.
我都有標好資料來源，但教授說我引用過多原文了。

W Well, Kevin, that's why you have to paraphrase. I mean, you should use your own words to express the ideas.
凱文，這就是為什麼你必須換句話說啊！我的意思是，你應該用自己的話來表達想法。

W̄ "The **prevalence**⁹ of remote work has **escalated**."¹⁰ Well, I don't get it.

「遠端工作的盛行已經升級。」我有看沒有懂。

M̄ The sentence means that more people are working from home.

這句話的意思是越來越多人在家工作。

- -

M̄ When I paraphrase ideas, I use simple words to **convey**¹¹ ideas.

當我換句話說時,我會用簡單的字來表達。

W̄ Well, paraphrasing is about making ideas clear in your own words without losing the original meaning.

嗯,意譯是用自己的話清楚地表達想法,同時又不失去原來的意義。

📌 VOCABULARY

① **interpretive** [ɪnˋtɝprətɪv] *adj.* 作為說明的;解釋的

② **jargon** [ˋdʒɑrgən] *n.* 術語

③ **demonstrate** [ˋdɛmənˌstret] *v.* 顯示

④ **synonym** [ˋsɪnəˌnɪm] *n.* 同義字

⑤ **plagiarism** [ˋpledʒəˌrɪzəm] *n.* 抄襲

⑥ **denouement** [deˋnumɑŋ] *n.* 結局;終場

⑦ **ambivalent** [æmˋbɪvələnt] *adj.* (感情、態度等)矛盾的

⑧ **quote** [kwot] *v.* 引用

⑨ **prevalence** [ˋprɛvələns] *n.* 普遍

⑩ **escalate** [ˋɛskəˌlet] *v.* 逐步升高、增強

⑪ **convey** [kənˋve] *v.* 傳達

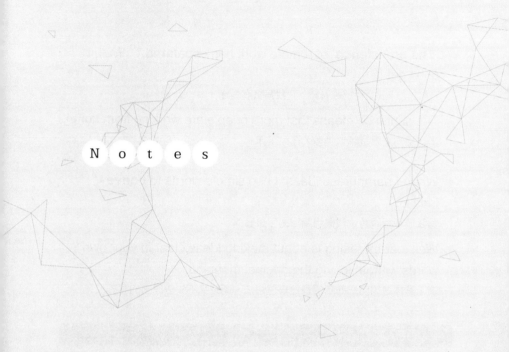

Notes

Unit 5

↕

與教授的互動
Interacting with Professors

💬 課前小叮嚀！

與教授討論 EMI 學習策略極為重要，因為他們擁有專業知識和實戰經驗，還能提供以英文學習專業科目的建議。這不僅助於釐清學習目標，也有助於幫同學們找出最適合自己的 EMI 學習方式，進而提高學習成效。教授能從不同角度提供意見回饋，這種鼓勵反思的學習環境正是 EMI 的教學精髓，更是學生達成個人成長的關鍵。

🎧 MP3 30

☐ Professor, could you give me some ideas about how I might **align**[1] my learning strategies with your teaching methods?

教授，您能否給我一些建議，我想知道如何將我的學習策略與您的教學方法做整合。

☐ I'm more of an **auditory**[2] learner, so Mr. Jones, is it okay if I **record**[3] the lectures so that I could listen to them again later?

我比較偏向是聽覺型的學習者，所以瓊斯老師，我可以將課程錄音以便我之後可以再聽一次嗎？

☐ Mrs. Cole, do you have a minute? I made a concept map and I wonder if you could take a look at it, please.

科爾老師，您有空嗎？我畫了一張概念圖，不知您是否可以看一下。

☐ Professor Smith, I learn best when I read a lot of **supplemental**[4] materials. Could you recommend a few more practical case studies I could read?

史密斯教授，當我閱讀大量相關資料之後我才會真的懂。因此您能推薦一些實用案例研究讓我讀嗎？

☐ I tend to take a lot of notes during lectures, but they always end up so **messy**.[5] Mr. Chen, do you have any suggestions?

我上課時都會做很多筆記,但它們最後總是一團亂。陳老師,您有什麼好建議嗎?

S → Student P → Professor

S Professor Lin, I've been forming study groups to discuss our research project. Could you suggest some discussion points we should consider?

林教授,我一直都有組讀書會討論我們的研究專題。您能建議一些我們應該考慮的討論點嗎?

P Of course. Why don't you start with the **literature**[6] review and try to identify some gaps in the research?

當然。何不就從文獻探討切入以試著找出研究缺口呢?

S Mr. Davis, I'm having difficulty identifying the key points in our reading. Are there any reading strategies that you could recommend?

戴維斯老師,我閱讀時都抓不到要點。您可以建議我一些閱讀策略嗎?

P Have you tried reading the topic sentence of each paragraph first to try to get an overview of the main ideas?

您有嘗試過先閱讀每個段落的主題句,以概略了解文章主旨嗎?

S Mr. Yang, I'm trying to expand my English vocabulary. Do you have any tips?

楊老師,我正在努力擴充單字量。您有什麼好方法嗎?

P That's good, Doris. Try using flashcards to help with **memorization**.[7]

很棒啊,多麗絲。妳可以使用閃卡來幫助記憶。

⑤ I'm taking 12 credits this semester, and feeling totally stressed out.

我這學期要修十二個學分，感覺壓力很大。

⑫ Well, Jason. You should prepare a study schedule that **allocates**[8] time effectively between all of your classes.

嗯，傑森。你應該備好一份學習計劃，並有效地分配時間準備每個科目。

⑤ Ms. Benson, I'm trying to **integrate**[9] more technology into my writing practices. Do you know of any useful technology tools?

班森老師，我正在試著將科技整合到我的寫作練習中。您有知道什麼有用的工具嗎？

⑫ You could try using Grammarly to correct and **refine**[10] your sentences.

你可以用 Grammarly 來修正和精修你的文句。

📌 VOCABULARY

① **align** [ə`laɪn] *v.* 對準；使一致
② **auditory** [`ɔdə͵torɪ] *adj.* 聽覺的
③ **record** [rɪ`kɔrd] *v.* 錄音
④ **supplemental** [͵sʌplə`mɛntl] *adj.* 補充的
⑤ **messy** [`mɛsɪ] *adj.* 亂的
⑥ **literature** [`lɪtərətʃə] *n.* 文獻
⑦ **memorization** [͵mɛmərɪ`zeʃən] *n.* 記憶
⑧ **allocate** [`ælə͵ket] *v.* 分配
⑨ **integrate** [`ɪntə͵gret] *v.* 整合
⑩ **refine** [rɪ`faɪn] *v.* 精練；改善

課前小叮嚀！

遇到課業疑難時，與教授討論是最直接而有效的方法，對於修習 EMI 課程的學生來說更是如此。教授的知識可幫助學生從根本了解問題，並提供不同的解決方案以克服學生在 EMI 課程的學習障礙。更重要的是透過使用英文討論，學生可以熟悉用英文說明問題和表達看法的技巧，這些技巧對未來出社會與職場同事溝通更是大有助益。所以想提醒同學們的是，在 EMI 學習過程中遇到困難要隨時跟教授尋求協助，而不是獨自掙扎喔！

🎧 MP3 31

☐ Professor, I'm having trouble understanding the theory we discussed yesterday.

教授，我對昨天討論到的理論不是很懂耶。

☐ Mr. Lin, I find this topic really challenging. Do you have any **additional**[1] readings I can do?

林老師，我覺得這個主題很有挑戰性。您還有其他資料可供我參考嗎？

☐ Mr. Davis, during our last lecture, you mentioned something about "Choice Theory" that I didn't quite understand.

戴維斯老師，在上次課程中，您提到了一些關於「選擇理論」的內容，我不是很明白。

☐ Professor Jones, I don't really see the **connection**[2] between these two theories. Could you help me understand how they relate to each other?

瓊斯教授，我不是很懂這兩個理論之間的關聯。您能解說一下嗎？

☐ Ms. Wills, I'm a bit confused about the research **methodology**[3] part, so could we discuss it this afternoon?

威爾老師，我對研究方法這部分有點困惑，所以今天下午我們可以討論嗎？

S → Student P → Professor

S Professor, could we schedule a time to discuss my thesis?

教授，我們可以安排個時間來討論我的論文嗎？

P Sure, Amber. How about after class today?

當然，安柏。今天下課之後可以嗎？

S It's a bit difficult for me to finish reading ten journal articles a week. I don't mind **lengthy**[4] articles, but they're all quite technical too.

一週要讀完十篇期刊文章對我來說有點困難。我不介意冗長的文章，但它們都相當專業。

P I suggest that you start with the **abstract**[5] to get an overview of the article.

我建議你從摘要部分開始，對文章就有個大概的了解。

S Dr. Jarvis, I found hundreds of journal articles on my topic online.

賈維斯博士，我在網路上找到了數百篇有關我的主題的期刊文章。

P Well, Jay. You'd better **verify**[6] the **reliability**[7] of the sources first.

嗯，傑伊。你最好先確認一下這些來源的可靠性。

S Teacher Jenny, I'm finding the current project to be very **complex**,[8] and I don't really know how to start.

珍妮老師，我發現這個專題滿複雜的，不知從何處著手。

P Don't worry. I'll provide some **guidelines**[9] in the class this afternoon that should help you structure your research.

別擔心。我今天下午會在課堂上提供一些指引，這將有助於你建構你的研究。

S Ms. Kate, I don't really understand the feedback I received on my exam.

凱特老師，我不是很明白我在考卷上得到的評論。

P Okay, let's review together the questions that you got wrong.

好的，我們一起來檢討你做錯的題目。

📌 VOCABULARY

① **additional** [ə`dɪʃənḷ] *adj.* 額外的

② **connection** [kə`nɛkʃən] *n.* 關連性

③ **methodology** [ˌmɛθəd`ɑlədʒɪ] *n.* 方法論

④ **lengthy** [`lɛŋθɪ] *adj.* 冗長的

⑤ **abstract** [`æbstrækt] *n.* 摘要

⑥ **verify** [`vɛrəˏfaɪ] *v.* 查證

⑦ **reliability** [rɪˌlaɪə`bɪlətɪ] *n.* 可靠性

⑧ **complex** [`kɑmplɛks] *adj.* 複雜的

⑨ **guideline** [`gaɪdˏlaɪn] *n.* 指引

03 追蹤成效
Tracking Learning Performance

💬 課前小叮嚀！

追蹤或檢視自己的學習成效有助於自我評估，了解哪些方法是對的，哪些則需要調整，進而使 EMI 學習效果加倍。尤其 EMI 課程的精髓之一便是學生應體認自己才是學習的主體，而不是僅靠老師提供資訊，因此同學們更應該要能夠思考自己的學習過程，並克服可能的障礙。總之，追蹤自己的 EMI 學習成效是確保持續進步的根本，在這個單元提供一些思考的面向供同學們作參考。

🎧 MP3 32

☐ Mr. Lin, I'd like to schedule a meeting to discuss my **academic**[1] performance and areas for improvement.

林老師，我想約個時間來討論我的學業成績和需要改進的地方。

☐ Professor, I'm thinking of using Notion to track my **progress**[2] in your class. Do you think it's a good idea?

教授，我正在考慮使用 Notion 來追蹤我課堂上的進度。您認為可行嗎？

☐ Ms. Smith, I've been keeping a learning journal. Would you mind taking a look and offering some **advice**?[3]

史密斯老師，我一直有在寫學習日誌。您可以幫我看一下並提供建議嗎？

☐ Mr. Chen, I'd like to talk to you about how I can **enhance**[4] my learning performance and get higher grades.

陳老師，我想和您談談我如何才能提高我的學業表現，並取得更高的成績。

☐ Professor, I use the **rubric**[5] you provided in the class to self-evaluate my essays before **submission**,[6] but I have a question.

教授，我在提交論文之前會使用您課堂上提供的評分標準先做檢查，但我有個問題。

S → Student   P → Professor

S I need an effective way to track my learning performance in your class.

我需要一個有效的方法來追蹤我在您的課程當中的學習表現。

P Sure. You can consider creating a **portfolio**[7] that **showcases**[8] your work and progress.

當然。你可以考慮做一個作品集來展示你的作品和進度。

S Ms. Jones, I wonder how I can track my performance in giving academic presentations.

瓊斯老師，我想知道如何追蹤我做學術簡報的技巧是否有進步。

P Good question, Steven. In today's class, I'll give you some guidelines on how to do that.

好問題，史帝文。在今天的課程中，我也會針對這個議題來討論。

S Mr. Lin, after my presentation, I'd also like to get other people's **perspectives**[9] on my performance.

林老師，在我做完簡報之後，我也想得知其他同學對我的表現有何看法。

P Sure, I'll **incorporate**[10] a peer feedback session into the course.

當然可以，我會將同儕互評納入課程當中。

S Professor, I really want to improve my grades by the end of the semester.

教授，我真的很想在學期末提高我的成績。

P Good, Steven. You should develop a structured plan with **milestones**[11] and carefully **monitor**[12] your progress.

很好啊，史蒂文。你應該擬定一個具有階段性任務的計劃，並仔細掌控學習進度。

S Mr. Chen, it seems I always make a lot of mistakes on my assignments.

陳老師，我寫作業時總是會犯不少錯誤。

P Okay, I'll spend a little time in class **elaborating**[13] on some of the common mistakes students make and how to avoid them.

好的，我會在課堂上花一點時間說明學生們常犯的錯誤以及該如何避免。

✒ VOCABULARY

① **academic** [ˌækəˋdɛmɪk] *adj.* 學業的
② **progress** [ˋprɑgrɛs] *n.* 進展
③ **advice** [ədˋvaɪs] *n.* 建議
④ **enhance** [ɪnˋhæns] *v.* 加強
⑤ **rubric** [ˋrubrɪk] *n.* 評估準則
⑥ **submission** [sʌbˋmɪʃən] *n.* 送出
⑦ **portfolio** [portˋfolɪˌo] *n.* 作品集
⑧ **showcase** [ˋʃoˌkes] *v.* 展示
⑨ **perspective** [pɚˋspɛktɪv] *n.* 觀點
⑩ **incorporate** [ɪnˋkɔrpəˌret] *v.* 整合
⑪ **milestone** [ˋmaɪlˌston] *n.* 里程碑
⑫ **monitor** [ˋmɑnətɚ] *v.* 監督
⑬ **elaborate** [ɪˋlæbərɪt] *v.* 詳加解釋

04 學業成績
Grades

🎧 MP3 33

☐ Professor, do you have time to review my exam together? I'd like to understand the mistakes I made.

教授，您有時間可以看一下我的考卷嗎？我想知道我錯在哪裡。

☐ I was surprised by my grade on the last essay. To be honest, Mr. Wang, I thought it was a pretty good paper.

我對我最後一篇作文的成績感到驚訝。說實話，王老師，我認為這是一篇很好的論文。

☐ Dr. Jones, I got a B on my last paper. Can you **explain**[1] the grading rubric to me, please?

瓊斯博士，我上一篇論文得了 B。您能解釋一下評分標準嗎？

☐ Mr. Lin, I've lost a lot of points in this section. Could we go over this part in detail?

林老師，這部分的題目我丟了很多分。我們可以詳細討論一下這部分嗎？

☐ Professor Adams, do you have a minute? I'd like to know how my project was **evaluated**.[2]

亞當斯教授，您有空嗎？我想知道我的專題評估標準為何。

S → Student   **P** → Professor

S Mr. Good, I got a 77 on my exam, and I'm **curious**[3] about how I did **relative**[4] to the average.

古德老師。我考試得了 77 分,但我很好奇我的成績相對於班平均是如何?

P Okay, I'll discuss how the class as a whole performed on the exam later in the class.

好的,我稍後會在課堂中討論班級整體的考試表現。

S Dr. Lin, I don't really understand some of the comments I got on my essay.

林博士,我對於我文章中得到的一些評論不是很理解。

P All right, Linda. Let me **clarify**[5] them for you.

好的,琳達。讓我來解釋一下。

S Excuse me, professor. I think there might be an error in the grading.

不好意思,教授。我認為分數可能有算錯耶。

P Oh, really? Let's look at your paper together now.

哦,真的嗎?讓我們馬上來看一下妳的試卷。

S Mr. Jones, can we walk through the correct answers for the midterm exam?

瓊斯老師,我們可以看一下期中考的正確答案嗎?

P Yes, that's exactly what we're going to do. I want to **ensure**[6] everyone corrects any **misconceptions**[7] they have before we move on.

會的,這就是我們接下來要做的。在我們繼續講課之前,我想確認你們的觀念都清楚無誤。

⑤ Professor, I'm **aiming**[8] for a higher grade on my final exam.

教授，我的目標是期末考取得更高的成績。

Ⓟ That's good, Jessie. Let's develop an action plan focusing on the areas you should **improve**.[9]

很好，潔西。我們來擬定一個讀書計劃，重點放在妳應該精進的部分。

🖈 VOCABULARY

① **explain** [ɪkˋsplen] *v.* 解釋

② **evaluate** [ɪˋvæljʊˌet] *v.* 評估

③ **curious** [ˋkjʊrɪəs] *adj.* 好奇的

④ **relative** [ˋrɛlətɪv] *adj.* 相對而言的

⑤ **clarify** [ˋklærəˌfaɪ] *v.* 闡明

⑥ **ensure** [ɪnˋʃʊr] *v.* 確保

⑦ **misconception** [ˌmɪskənˋsɛpʃən] *n.* 誤解

⑧ **aim** [em] *v.* 以……為目標；追求

⑨ **improve** [ɪmˋpruv] *v.* 改進

課前小叮嚀！

想要提升學習效率，善用參考資料或工具是非常必要的。現在有很多採用視覺學習的線上工具，如使用圖表 (Canva) 或影片 (YouTube) 等內容，對於理解和記憶資訊都非常有幫助。同學們可向教授或同儕詢問，聰明運用多元的學習輔助工具以提高學習成效、促進 EMI 深度學習。

🎧 MP3 34

☐ Professor, could you **recommend**[1] the dictionary that's best suited for understanding the **terminology**[2] used in the class?
教授，您能推薦一本最適合理解這門課所使用之術語的字典嗎？

☐ Ms. Jones, I'm really interested in AI as a potential research topic, so could you suggest some reading that might provide me with a deeper **appreciation**[3] of the subject?
瓊斯老師，我對人工智慧作為一個潛在的研究主題非常感興趣，你能否建議一些閱讀材料，以讓我對這個主題有更深入的理解？

☐ Dr. Lin, I wonder if there are any specific journal articles you would advise me to read in advance.
林博士，不知您是否會建議我提早閱讀一些特定的期刊文章呢。

☐ Mr. Cole, I've found these five books on American history in the library. Which one would you say is the most **esteemed**?[4]
科爾老師，我在圖書館找到了這五本關於美國歷史的書。您認為哪本最值得一看？

☐ Mr. Davis, I'm looking for video materials that **complement**[5] our course readings. Could you suggest some?

戴維斯老師，我正在尋找可以補充課程閱讀素材的影片資料。您能推薦一些嗎？

S → Student　P → Professor

S Professor Lin, could you suggest some **reliable**[6] databases to find journal articles?

林教授，您能推薦一些可靠的資料庫以便我找尋期刊文獻嗎？

P Of course. In our field, ERIC, and WOS are the most commonly used databases.

當然。在我們這個領域，ERIC 和 WOS 都是最常用的資料庫。

S Mr. Chen, I'm struggling to understand this textbook written in English.

陳老師，這本英文教科書讀起來有些吃力耶。

P Actually, the Chinese version of this textbook is also **available**[7] in the school library. You might want to take a look.

其實，學校圖書館裡也有這本教材的中文版呢。你可以參考看看。

S I'm not sure what **citation**[8] style I should use in my papers.

我不確定論文中應該使用什麼引用格式耶。

P You should use APA. I'll send you a **reference**[9] link right away.

你應該使用 APA 格式。我會立即將參考連結傳給你。

S Dr. Collins, I'm really interested in the practical applications of artificial intelligence.

柯林斯博士，我對人工智慧的實際應用面非常感興趣。

P I can show you some reference materials that discuss cases of real-world applications of AI.

我可以給你看一些討論 AI 實際案例應用的參考資料。

S Ms. Emerson, I'd like to improve my English speaking fluency by using some **interactive**[10] resources.

艾瑪森老師，我想透過使用一些互動軟體來提升我的英語口說能力。

P Why don't you try "Let's Talk". It's an AI-powered communication app.

何不試試「一起討論」？那是一款由人工智慧驅動的溝通程式。

🖈 VOCABULARY

① **recommend** [ˌrɛkəˈmɛnd] *v.* 推薦

② **terminology** [ˌtɜməˈnɑlədʒɪ] *n.* 術語

③ **appreciation** [əˌpriʃɪˈeʃən] *n.* 理解；領會

④ **esteemed** [əˈstimd] *adj.* 受好評的

⑤ **complement** [ˈkɑmpləˌmɛnt] *v.* 補足

⑥ **reliable** [rɪˈlaɪəbl] *adj.* 可靠的

⑦ **available** [əˈveləbl] *adj.* 可取得的

⑧ **citation** [saɪˈteʃən] *n.* 引用；引文

⑨ **reference** [ˈrɛfərəns] *n.* 參考

⑩ **interactive** [ˌɪntəˈæktɪv] *adj.* 互動的

💬 **課前小叮嚀！**

能夠將在 EMI 課堂所學的知識應用於現實產業中，達成理論與實務的緊密結合，是 EMI 教育的最終目標。同學們努力學習的目的，不是只為了習得理論之後在考試中拿高分吧？有能力發揮所學，將知識轉化成自己在就業市場上的競爭利器，為自己創造就業機會才是更重要的。因此，在 EMI 課程中除了探討學科知識之外，也別忘了多向教授詢問如何在產業做出實際應用喔！

🎧 MP3 35

☐ Professor, I wonder how the theories we're discussing in class **translate**[1] to practice?

教授，我想知道我們在課堂上討論的理論如何轉化為實際應用？

☐ Dr. Chen, could you please provide some examples of how the **principles**[2] have been applied in the manufacturing industry?

陳博士，您能否舉例說明這些原理在製造業的應用？

☐ Mr. Jenkins, I'd really like to know how we can connect these theoretical **concepts**[3] to real-life situations.

傑金斯老師，我真的很想知道我們如何將這些理論概念與現實生活中的情境連結起來。

☐ I'm considering a career in banking, so I was wondering how best to apply my knowledge in this field.

我考慮要從事銀行業，所以我想知道如何將我的知識應用於這個領域。

☐ Professor, the textbook we're using was published in 2008, and I wonder if you could suggest any more up-to-date **resources**[4] where I could learn about some recent real-world cases.

教授，我們使用的教科書是 2008 年出版的，我想知道您是否能提供更多最新的資料，以讓我了解更多最近的實例應用。

S → Student P → Professor

S I'm interested in **interning**[5] to get some practical experience during my senior year.

我想在大四期間去實習以獲取實務經驗。

P Good idea, Jessie. I do have some contacts in a few industries where you could apply the concepts we've been learning.

很好，潔西。我確實在一些你可以應用這些概念的產業中有一些人脈。

S Dr. Yang, how have the theories we've learned met the **demands**[6] of real-world applications?

楊博士，我們所學的理論如何滿足市場上實際應用的需求呢？

P I'll invite some guest speakers to discuss the application of these theories in their respective **professional**[7] fields.

我會邀請一些產業人士來演講並討論這些理論在專業領域的應用面。

S Professor Cole, I'd love to hear more about your **previous**[8] experience in the manufacturing field.

科爾教授，我很想聽聽更多關於您過去在製造業的經驗。

P Sure. As the course goes on, I'll be sharing how I applied the knowledge from my research in practical settings.

當然。隨著課程的進行，我將分享我如何在實際環境中應用我的研究知識。

S Are there any companies known for applying the concepts we're learning in practical ways?

我們所學的這些概念有沒有在哪些公司有實際應用案例了？

P Yes, of course. Many companies in the Science Park have **adopted**[9] these strategies to **streamline**[10] their processes.

當然有啊。科學園區內很多公司已採取這些策略來簡化流程。

S I find that I learn best through practical application.

我發現透過實際應用面我學得最好。

P That's good, Betty. There will be assignments that require you to solve real-world problems using the course materials.

很好，貝蒂。我出的有些作業就要你們使用課程內容來實際解決現實的問題。

🖉 VOCABULARY

① **translate** [træns`let] *v.* 轉變成

② **principle** [`prɪnsəpl] *n.* 原理

③ **concept** [`kɑnsɛpt] *n.* 概念；觀念

④ **resource** [rɪ`sors] *n.* 資源

⑤ **intern** [ɪn`tɜn] *v.* 當實習生

⑥ **demand** [dɪ`mænd] *n.* 需求

⑦ **professional** [prə`fɛʃənl] *adj.* 專業的

⑧ **previous** [`priviəs] *adj.* 之前的

⑨ **adopt** [ə`dɑpt] *v.* 採取

⑩ **streamline** [`strim,laɪn] *v.* 使順暢

💬 **課前小叮嚀！**

想要有效率地完成畢業論文，應提早想好研究主題與目標，並進行文獻探討以確保研究主題的創新性。接著便要建立明確的時間表，定期與指導教授討論及尋求建議，確保論文方向正確。而修習 EMI 課程的同學有可能必須以英文來撰寫論文，所以要規劃更充裕的時間進行英文寫作的編輯和校對喔！

🎧 MP3 36

☐ Professor, I'm in the initial stages of my **thesis**[1] planning and, to be honest, I don't know where to start.
教授，我正在論文規劃的初始階段，說實話，我不知道從哪裡開始耶。

☐ Dr. Chen, could you **refine**[2] my research questions? I'm afraid that the **scope**[3] might be too broad.
陳博士，您能否幫我順一下我的研究問題？我怕我訂的主題範圍太廣了。

☐ I'm experiencing some challenges in **organizing**[4] my thesis in a more **logical**[5] way.
我不太了解如何以更合乎邏輯的方式來組織我的論文。

☐ I've drafted my thesis **proposal**,[6] but I'm still concerned about the **feasibility**[7] of my research.
我已經起草了論文提案，但我還是擔心研究的可行性。

☐ I've completed the literature review, but I'm facing difficulties with the methodology section. Can we talk about it?

我已經完成了文獻探討的部分，但在研究方法的部分遇到了些困難。可以討論一下嗎？

S → Student **P → Professor**

S Mr. Williams, can I schedule **regular**[8] meetings with you to discuss my thesis progress?

威廉老師，方便與您安排定期會議以討論我的論文進度嗎？

P Of course, Amy. We could meet twice a month to address any issues you might have.

當然可以，艾咪。我們可以每月討論兩次以解決妳可能遇到的問題。

S I'm taking nine credits and working on my thesis at the same time. I'm finding it difficult to balance both.

我修九個學分，同時也在寫論文。我發現很難兼顧兩者。

P Well, you need better time-management strategies.

嗯，你需要更好的時間管理策略。

S Professor Lin, could you recommend any tool I could use to organize my references?

林教授，您能推薦一些我可以用來整理參考資料的工具嗎？

P Why don't you try EndNote? It's easy to use.

何不試試 EndNote 工具呢？那很容易上手。

S I'm nervous about preparing for my thesis **defense**.[9]
我對準備論文答辯感到相當緊張。

P We could do a **mock**[10] defense and then I could offer you some feedback and tips.
我們可以進行模擬答辯練習，我將提供一些反饋和建議。

S Professor Davis, before I submit the final version of my thesis, I'd like to review it with you.
戴維斯教授，在我交出論文的最終版本之前，想請您共同檢視一下。

P Sure, no problem. Before you submit it, I need to make sure your thesis aligns with our department's **standards**[11] anyway.
當然，沒問題。在你提交之前我也需要確定你的論文符合我們系上的標準。

📌 VOCABULARY

① **thesis** [ˋθisɪs] *n.* 論文
② **refine** [rɪˋfaɪn] *v.* 改善
③ **scope** [skop] *n.* 範圍
④ **organize** [ˋɔrgəˌnaɪz] *v.* 組織
⑤ **logical** [ˋlɑdʒɪkḷ] *adj.* 有邏輯的
⑥ **proposal** [prəˋpozḷ] *n.* 提案
⑦ **feasibility** [ˌfizəˋbɪlətɪ] *n.* 可行性
⑧ **regular** [ˋrɛgjələ] *adj.* 定期的
⑨ **defense** [dɪˋfɛns] *n.* 防禦；答辯
⑩ **mock** [mɑk] *n.* 模擬
⑪ **standard** [ˋstændəd] *n.* 標準

08 職涯發展
Career Development

畢業後在決定職涯方向時,應先進行深入的自我探索,選擇與自己的興趣、價值和長處相符的職業做起來才會得心應手。尤其是修習 EMI 課程的同學,在使用英文溝通方面理應比許多人還要出色,有比較多需以英文溝通的工作機會可以應徵。所以在申請職位時,審慎準備好英文履歷和求職信,強調與職位相關的技能和經驗之外,出色的英文說寫能力更有加分的效果。

🎧 MP3 37

☐ Professor Lin, I'm **exploring**[1] my career options after graduation. Could you offer some advice based on your experience in the industry?

林教授,我正在考慮畢業後的職涯選擇。您能否根據您在產業的經驗提供一些建議?

☐ Mr. Chen, I'm thinking of getting some computer skill **certifications**[2] but don't know what I should focus on.

陳老師,我想考一些電腦技能的證照,但不知道該將重點放在哪方面。

☐ I'm looking for networking events or industry seminars to attend in order to help me get started in the AI field.

我正在尋找參加社交活動或產業研討會的機會,以便跨入人工智慧的領域。

☐ Dr. Jarvis, I'm preparing my **resume**[3] and would like your advice. Could we discuss it sometime tomorrow?

賈維斯博士,我正在準備我的履歷,也希望聽聽您的建議。可以明天找個時間討論嗎?

□ I'm thinking of **pursuing**[4] advanced education in the U.S. or another English-speaking country.

我正在考慮去美國或其他英語系國家繼續進修。

S → Student P → Professor

S I'm considering going to graduate school instead of looking for a job.

我在考慮去讀研究所而不是找工作。

P All right, Jason. Why don't we discuss the **potential**[5] **pros and cons**[6] of each?

好，傑森。我們何不來討論各個選擇的潛在優缺點？

S Ms. Jones, I'm still unsure about my career path, and I'm totally stressed out.

瓊斯老師，我對自己的職業規劃仍然不是很確定，因此感到壓力很大。

P I can recommend some career **assessments**[7] that can help clarify your strengths, okay?

我可以推薦一些職業評估來幫助你了解自己的優勢，好嗎？

S I've been considering a position at SMC, but it seems a bit **competitive.**[8]

我一直在考慮去 SMC 公司任職，但似乎競爭很激烈。

P Well, a lot of **alumni**[9] from our department are working there. I suggest you try to contact some of them.

嗯，我們系上有很多校友都在那裡工作。我建議你嘗試聯繫其中的一些人。

⑤ I've always wanted to work abroad. Professor Lin, do you have any advice that could help me find some international job opportunities?

我一直想出國工作。林教授，您有什麼建議可以協助我找尋一些國外的工作機會嗎？

℗ I think you can start by **establishing**[10] a LinkedIn page.

我認為你可以從建立一個 LinkedIn 頁面開始。

⋯⋯⋯

⋯⋯ ⑤ Professor Chen, good news. I've got an interview with a company I really like.

陳教授，好消息。我得到了一家我很喜歡的公司的面試機會耶。

℗ Oh, that's wonderful, Jessie. Let's practice some of the questions you should be prepared to answer.

哦，那太好了，潔西。讓我們來練習一些妳應該要準備回答的問題。

📌 VOCABULARY

① **explore** [ɪk`splor] *v.* 探索
② **certification** [ˌsɝtɪfə`keʃən] *n.* 證照
③ **resume** [ˌrɛzjʊ`me] *n.* 履歷表
④ **pursue** [pə`su] *v.* 追求
⑤ **potential** [pə`tɛnʃəl] *adj.* 潛在的
⑥ **pros and cons** 利弊；優缺點
⑦ **assessment** [ə`sɛsmənt] *n.* 評估
⑧ **competitive** [kəm`pɛtətɪv] *adj.* 競爭激烈的
⑨ **alumni** [ə`lʌmnaɪ] *n.* 校友（alumnus 的名詞複數）
⑩ **establish** [ə`stæblɪʃ] *v.* 建立

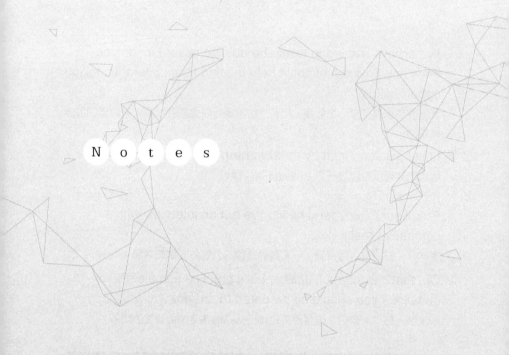

Notes

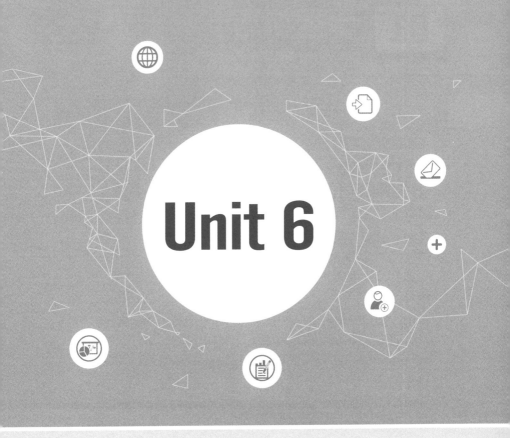

Unit 6

⇅

同儕交流分享
Interacting with Classmates

💬 **課前小叮嚀！**

和同學討論 EMI 課程的學習技巧是非常必要的，因為每個人的學習經驗和方法不同，透過彼此分享、相互學習，不但可以找到最適合自己的學習策略，更有助於發現自己的不足之處，適時作出調整。總之，同學間的互相激勵和支持，對於增強學習 EMI 課程的動機和自信心大有助益！

🎧 **MP3 38**

☐ Using **visual aids**,[1] like charts and **diagrams**,[2] helps me remember complex information.
使用圖表等視覺輔助工具可以幫助我記住複雜的資訊。

☐ I always take short breaks every 50 minutes in order to refresh my ability to **concentrate**.[3]
我總是每隔五十分鐘休息一會兒，以恢復我的專注力。

☐ I prefer to study at the same time and place every day.
我比較喜歡每天在同一時間、同一地點學習。

☐ I join group study sessions twice a week and I've found it's really **beneficial**[4] for me.
我每週參加兩次讀書會，我發現這對我來說非常有幫助。

☐ Teaching the material I've learned to my peers is a wonderful way to ensure I truly **comprehend**[5] it.
將我學到的內容講給同學聽一次是確保我真正了解知識的好方法。

W → Woman   **M** → Man

W Jason, can you share with me how you **memorize**[6] English vocabulary words?
傑森，你能和我分享一下你是如何記憶英文單字的嗎？

M I use flashcards and test myself every day. I think it's a great way to help me remember new words.
我每天都會使用閃卡來測試自己。我認為這是幫助我記住新單字的好方法。

....

M Linda, do you prefer to study alone or in a group?
琳達，你喜歡獨自學習還是和一群人一起讀書？

W Well, I always study with people, since discussing topics with my classmates allows me to **clarify**[7] important **concepts**.[8]
嗯，我總是和別人一起讀書，因為與同學討論功課可以協助我釐清重要的概念。

....

W Do you **multitask**[9] a lot, John?
約翰，你經常同時處理多個作業嗎？

M Actually, no. I mean, multitasking just makes it hard for me to focus.
事實上，我不會這麼做。我的意思是說，一心多用只會讓我難以集中注意力。

....

M May, you've been sitting in the library for five hours. Come on, take a breather.
梅，妳已經在圖書館坐五個小時了。來吧，休息一下。

W Yeah, I should. I need to do some stretching to keep my energy levels up.
是的，我應該起來動動。我需要做一些伸展運動來保持精力充沛。

M　Wow, you take good notes, Wendy! Do you review them after the class?

哇，妳的筆記做得真好，溫蒂！課後妳會複習筆記嗎？

W　Yes, I do. I prefer to review my notes within 24 hours of the lecture.

會的，我都會複習。我喜歡在課程結束後二十四小時內複習筆記。

📌 VOCABULARY

① **visual aids** 視覺教具
② **diagram** [ˋdaɪəˌgræm] *n.* 圖表
③ **concentrate** [ˌkɑnsɛnˋtret] *v.* 專注
④ **beneficial** [ˌbɛnəˋfɪʃəl] *adj.* 有助益的
⑤ **comprehend** [ˌkɑmprɪˋhɛnd] *v.* 理解
⑥ **memorize** [ˋmɛməˌraɪz] *v.* 記住
⑦ **clarify** [ˋklærəˌfaɪ] *v.* 釐清；闡明
⑧ **concept** [ˋkɑnsɛpt] *n.* 概念；觀念
⑨ **multitask** [ˌmʌltiˋtɑsk] *v.* 同時做多件事情

02 組讀書會
Organizing Study Groups

💬 **課前小叮嚀！**

與一群志同道合的同學組讀書會能確保彼此努力學習的持續性和動力，因為同儕間會產生相互鼓勵和監督的作用。另外，每位同學都有自己的專長，例如有的人擅長整理資料或有的人擅長英文簡報等，透過共同討論還可以聽到多元角度的觀點，讓彼此得到更多啟發。當然，在學習方面遇到疑難時，讀書會更可能提供即時的解答和支援。同學們何不考慮組個 EMI 課程讀書會呢！

🎧 MP3 39

☐ Jessie, are you interested in **forming**[1] a study group for the **upcoming**[2] exam?

潔西，考試即將到來，妳有興趣組一個讀書會嗎？

☐ I think we should meet **regularly**[3] to review the lesson **material**[4] together. What do you think?

我認為我們應該定期聚在一起複習功課。你覺得怎樣？

☐ Let's find a time that works for everyone to discuss Units 1 to 4. How does Wednesday afternoon sound?

讓我們找個適合大家的時間來討論第一到第四單元。週三下午可以嗎？

☐ The library has group study rooms we can reserve. Let me book one for our discussion session.

圖書館內設有團體自修室可以預約。讓我來預訂一間。

☐ I've created an online folder where we can upload notes and share them with the group.

我建了一個線上資料夾，我們可以將筆記上傳分享給組員。

W → Woman M → Man

W We could each take a unit and teach it to the rest of the group.

我們可以每人負責一個單元然後再教其他組員。

M **Brilliant**[5] idea. It might be a more **efficient**[6] way for us to cover everything.

好主意。這對我們來說可能是更有效率地複習所有內容的方式。

W I have some past exam papers and I'll share them with you guys.

我有一些考古題，我會跟大家分享的。

M Wow, that's very nice of you. Thank you.

哇，你真是太好了。謝謝。

M I'm afraid that a huge study group might not be so **effective**[7] for actually learning, if you know what I mean.

我是擔心讀書會的人太多，實際的學習效果就不那麼好了，如果你明白我的意思的話。

W Yeah, I think so, too. Let's **limit**[8] our study group to five people only.

是，我也這麼認為。讓我們將讀書會人數限制在五個人吧。

W I've **organized**[9] a study plan for the next three weeks.

我已經排好了接下來三週的學習計劃。

Ⓜ If you could share it with the group, that would be great.

如果你能將它分享給組員，那就再好不過了。

Ⓦ I wonder if we could **assign**[10] roles in our sessions, like a **facilitator**[11] to guide the discussion, or a note-taker.

我想知道是否應該先指派工作，例如帶領討論的組長或記錄者等等。

Ⓜ Yeah, I agree. I can be the timekeeper to manage breaks.

是，我同意。我可以當提醒休息時間的計時人員。

🔖 VOCABULARY

① **form** [fɔrm] *v.* 組成

② **upcoming** [ˋʌpˌkʌmɪŋ] *adj.* 即將到來的

③ **regularly** [ˋrɛgjələlɪ] *adv.* 定期地

④ **material** [məˋtɪrɪəl] *n.* 教材

⑤ **brilliant** [ˋbrɪljənt] *adj.* 很棒的

⑥ **efficient** [ɪˋfɪʃənt] *adj.* 有效率的

⑦ **effective** [ɪˋfɛktɪv] *adj.* 有效果的

⑧ **limit** [ˋlɪmɪt] *v.* 限制

⑨ **organize** [ˋɔrgəˌnaɪz] *v.* 規劃；組織

⑩ **assign** [əˋsaɪn] *v.* 指派

⑪ **facilitator** [fəˋsɪləˌtetə] *n.* 促進者

03 線上討論
Accessing Online Discussion Forums

💬 **課前小叮嚀！**

同學們在線上討論 EMI 課業時也應遵循一定的互動禮貌。在發言提問前要先思考清楚，確保問題的品質和所發出的訊息準確無誤；當有人在發言則不應打斷，以確保討論的順暢度；在留言或回覆線上討論之訊息時，應簡潔明瞭，避免出現玩笑的態度。尤其是使用英文在線上討論 EMI 課程，除了保持友善尊重，更應清楚地呈現意見，以避免產生不必要的誤解。

🎧 MP3 40

☐ Before we start discussing, let's post the notes from yesterday's **lecture**[1] on the **forum**.[2]

在開始討論前，我們先把昨天的課程筆記貼到論壇上。

....

☐ I came across a **relevant**[3] article related to chapter one, so I'll share the link in the chat box.

我看到一篇與第一章相關的文章，我會將連結分享在聊天區中。

....

☐ You can post questions you have about the **assignment**[4] on the discussion board first.

你們可以先在討論區發佈有關作業的問題。

....

☐ Jerry missed the class yesterday, so I've **summarized**[5] the key points in a post on the discussion forum.

傑瑞昨天缺課，所以我在論壇上發了一篇文來總結課程要點。

....

☐ I have a relevant podcast that I think you guys should listen to, so I've shared the link in the "Multimedia" section.

我有個跟課程相關的播客，覺得你們應該聽看看，所以我將連結分享在「多媒體區」了。

W → Woman M → Man

W I'm a bit **confused**[6] about the concept discussed in yesterday's lesson.

我對昨天課程中討論的概念還感到有點困惑。

M Well, it's about different taxonomies. Let me break it down for you.

嗯，那是關於不同的分類法。讓我來跟你解釋一下。

W When is the deadline for our team project?

我們小組專題的截止日期是什麼時候？

M It's in two weeks. I'll pin a post at the top of our discussion board with important dates and deadlines for the project.

兩週後。我來貼個置頂公告，其中包含小組專題的重要日期和截止日。

W Well, the theory is too **abstract**,[7] so I need some examples to illustrate it.

嗯，這個理論太抽象了，所以我需要一些實際例子來說明它。

M Certainly. I've shared a couple of **practical**[8] examples in the chat.

當然可以。我在聊天區內分享了幾個實際例子給你參考看看。

W Wow, a lot of discussions are going on in the forum.

哇，論壇內討論得很熱烈啊！

M There is an interesting **debate**[9] about the **implications**[10] of our last lesson.

是關於我們上一堂課所提要點之後續影響，的確是滿有趣的辯論。

M Linda just shared some study **techniques**[11] on the forum.

琳達剛剛在論壇內分享了一些學習技巧。

W Wow, they look like they might be helpful for our upcoming exam.

哇，它們看起來對我們即將到來的考試會很有幫助。

🔖 VOCABULARY

① **lecture** [ˋlɛktʃɚ] *n.* 授課；演講

② **forum** [ˋforəm] *n.* 論壇

③ **relevant** [ˋrɛləvənt] *adj.* 有關的

④ **assignment** [əˋsaɪnmənt] *n.* 作業

⑤ **summarize** [ˋsʌməˏraɪz] *v.* 總結；摘要

⑥ **confused** [kənˋfjuzd] *adj.* 混淆的

⑦ **abstract** [ˋæbstrækt] *adj.* 抽象的

⑧ **practical** [ˋpræktɪkḷ] *adj.* 實際的

⑨ **debate** [dɪˋbet] *n.* 辯論

⑩ **implication** [ˏɪmplɪˋkeʃən] *n.* 牽連；影響

⑪ **technique** [tɛkˋnik] *n.* 技巧

💬 **課前小叮嚀！**

修習 EMI 課程時與同學建立良好的人際關係極其重要，不但有助於學習資源的分享和問題的解決，同學間的相互扶持還能夠增進學習的動力，在遇到學習的困難時也可互相鼓勵。換言之，在 EMI 課堂中不僅可以學習知識，更是練習英文口語，與其他同學交流的絕佳機會喔！

🎧 MP3 41

☐ I'm thinking about joining a club to meet more people and **improve**[1] my communication skills.
我想加入一個社團來結交更多朋友並改善我的溝通技巧。

☐ Role-playing in group projects has helped me learn how to **handle**[2] all kinds of different **personalities**.[3]
在小組專題中的角色扮演幫助我學會如何處理不同的性格。

☐ **Attending**[4] a workshop on **emotional**[5] intelligence might be beneficial for you.
參加情緒管理工作坊你可以學到蠻多的。

☐ Professor Chen told me that joining a study group can be a good way to develop interpersonal skills.
陳教授跟我說，加入讀書會是培養人際溝通能力的好方法。

☐ I believe understanding cultural differences is **crucial**,[6] especially when **interacting**[7] with international students.
我認為理解文化差異至關重要，尤其是在與國際學生互動時。

W → Woman   M → Man

W Do you think taking a public speaking course would help **boost**[8] my **confidence**[9] in group settings?

你認為參加公開演講課程有助於增加我在團體中與人相處的信心嗎？

M Yes, **definitely**.[10] I especially **recommend**[11] Professor Linda William's presentation course.

當然可以呀。我特別推薦琳達威廉教授的簡報演說課程。

W Have you heard of any good books about improving communication skills?

你知道任何關於提升溝通技巧的好書嗎？

M Yes, I actually do have some recommendations. Perhaps you could start with the book *Active Listening*.

有的，我的確有些好建議。也許你可以從《積極傾聽》這本書開始看起。

M I've got some spare time this **semester**,[12] so I might **volunteer**[13] to help out some university events.

這學期我有一些空檔時間，所以可能會志願協助一些學校的活動。

W Yeah, that's a good way to meet all kinds of different people.

是喔，那很棒啊。那是與不同的人互動並學習適應的好方式。

M Vivian, would you like to join the drama club? We're always looking for new members.

薇薇安，妳想加入戲劇社嗎？我們一直在尋找新社員。

W Yeah, I'd love to. I think it would be a good way to become more understanding of others.

是喔，我很樂意。我認為這會是更加理解他人的好方法。

M Do you know how to improve a person's communication skills, Ashely?

妳知道如何提升一個人的溝通技巧嗎，艾希莉？

W Well, you definitely should **participate**[14] in networking events on campus. I mean, they force you to **initiate**[15] conversations.

嗯，你絕對要參加校園裡的社交活動。我的意思是說，參加活動你就被迫主動與人交談。

📌 VOCABULARY

① **improve** [ɪm`pruv] *v.* 改善

② **handle** [`hændl̩] *v.* 處理；應付

③ **personality** [ˌpɝsn̩`ælətɪ] *n.* 性格

④ **attend** [ə`tɛnd] *v.* 參與

⑤ **emotional** [ɪ`moʃən!] *adj.* 情緒的

⑥ **crucial** [`kruʃəl] *adj.* 重要的

⑦ **interact** [ˌɪntə`rækt] *v.* 互動

⑧ **boost** [bust] *v.* 增進

⑨ **confidence** [`kɑnfədəns] *n.* 信心

⑩ **definitely** [`dɛfənɪtlɪ] *adv.* 肯定地；當然

⑪ **recommend** [ˌrɛkə`mɛnd] *v.* 推薦

⑫ **semester** [sə`mɛstə] *n.* 學期

⑬ **volunteer** [ˌvɑlən`tɪr] *v.* 當志工

⑭ **participate** [pɑr`tɪsəˌpet] *v.* 參加

⑮ **initiate** [ɪ`nɪʃɪˌet] *v.* 主動發起

課前小叮嚀！

修習 EMI 課程時極有機會與來自不同國家的同學交流，討論彼此參加的社團也是閒聊時的必備話題。參與課後社團不但可得到探索自己潛能的機會，還能與來自不同專業背景甚至不同國籍文化的同學互動，進而拓展視野、建立人脈。所以，使用英文跟同學討論參與課後社團的話題，可說是在 EMI 課堂討論之外必備的能力呢！

🎧 MP3 42

☐ Our school Debate Club is **known for**[1] training students in critical thinking and public speaking.
我們學校的辯論社以培養學生批判性思考和公開演說技巧而聞名。

☐ I'm thinking of joining the Science Club, since I'd love to **compete**[2] in the **annual**[3] Science Contest.
我正在考慮加入科學社團，因為我很想參加一年一度的科學競賽。

☐ I'm interested in writing and **journalism**,[4] so I always **contribute**[5] articles to the university newspaper.
我對寫作和新聞有興趣，所以我都會為學校報紙撰稿。

☐ Jason, you're really into tech. Why don't you join the Coding Club next semester?
傑森，你真的對科技很有興趣，你下學期何不加入程式設計社團？

☐ The Environmental Club is arranging an ocean clean-up event this Sunday. Let's get involved, Mary.
環保社團將於本週日安排海洋清潔活動。我們一起去參與吧，瑪麗。

W → Woman M → Man

M I'm interested in meeting people and learning different cultures.
我對結交新朋友與學習不同的文化有興趣。

W Why don't you join the International Students Club then? You can participate in **multicultural**[6] events there.
那你何不加入國際學生社團呢？你可以參加多元文化活動。

W I heard that the Drama Club is accepting new members for their next **performance**.[7]
我聽說戲劇社正在招募新成員參加下一場演出。

M Yeah. I know you're **passionate**[8] about performing, so you should definitely join them.
是的。我知道你對表演充滿熱情，所以你一定要加入他們。

W I am thinking of improving my reading and writing skills.
我正在考慮提升我的閱讀和寫作能力。

M Well, then the Literature Club would be a good choice. I mean, they've got regular book reading and essay writing workshops you can attend.
嗯，那麼文學社是個不錯的選擇。我的意思是說，他們有定期的閱讀和論文寫作工作坊，你可以去參加。

W I'm passionate about volunteering, so I'm thinking about joining the Community Service Club.

我熱衷於志工服務，所以我正考慮加入社區服務社團。

M Wonderful idea, Jessie. They've got a lot of **charity**[9] events.

好主意，潔西。他們有辦很多慈善活動。

W I was told that the Photography Club is going to offer a lesson on photo editing this Friday.

我聽說攝影社將在本週五開設照片編輯的課程。

M Yeah, would you like to attend? I went once last semester and it was **fascinating**.[10]

對啊，你想參加嗎？上學期我參加過一次，真的很有意思！

📌 VOCABULARY

① **known for** 以……而聞名
② **compete** [kəm`pit] *v.* 競爭
③ **annual** [`ænjuəl] *adj.* 一年一度的
④ **journalism** [`dʒɜnḷ‚ɪzm̩] *n.* 新聞
⑤ **contribute** [kən`trɪbjut] *v.* 投稿；撰稿
⑥ **multicultural** [‚mʌltɪ`kʌltʃərəl] *adj.* 多元文化的
⑦ **performance** [pɚ`fɔrməns] *n.* 表演
⑧ **passionate** [`pæʃənɪt] *adj.* 有熱情的
⑨ **charity** [`tʃærətɪ] *n.* 慈善
⑩ **fascinating** [`fæsn̩‚etɪŋ] *adj.* 很棒的

06 英語學習
Enhancing English Proficiency

提升英文能力對於修習 EMI 課程的同學來說是持續性的任務。以英文作為課堂中的溝通語言，讓同學們不僅有實際應用英文的機會，更可拓寬交流和視野。為了強化英文能力，有人會持續閱讀英文書籍或文章強化語感，有人會選擇到國外交換學生等，這些都是可以提升實際口語能力的策略。但筆者認為，積極參與 EMI 課堂中的英文討論也是很有效的方式，能實際修習 EMI 課程的同學們可別放棄這個免費練英文的大好機會！

🎧 MP3 43

☐ I've started watching English movies with **subtitles**[1] to improve my listening skills.
我開始看有字幕的英文電影來提升我的聽力。

☐ I join local conversation clubs where I can practice speaking English with **native speakers**.[2]
我加入社區的會話俱樂部，在那裡我可以和母語人士練習英語。

☐ Reading English articles has helped me understand how to use different sentence structures in my writing and it has really **expanded**[3] my vocabulary.
閱讀英文文章幫助我理解在寫作中如何使用不同的句子結構，而且它確實擴增了我的詞彙量。

☐ Professor Chen requires us to write **reflection**[4] papers, which I think should help **sharpen**[5] my writing skills over time.

陳教授要求我們寫反思論文,我想久而久之我的寫作技巧也會提升。

☐ I'm thinking about taking an English **pronunciation**[6] course to help me sound more native-like.

我正在考慮參加英語發音課程,以幫助我講的英語聽起來更道地。

W → Woman　M → Man

W I still struggle with grammar rules. It seems like I'll never figure them out.

我還在文法規則上糾結。看來我是永遠也搞不懂文法了。

M Why don't you consider hiring a tutor to help you?

何不考慮請一位家教來教你呢?

M What's the best way to understand different **accents**?[7]

聽懂不同口音的最佳方法是什麼?

W Well, I suggest listening to English podcasts during your **commute**.[8] It's been super helpful for me.

嗯,我建議你在通勤時聽英語播客。這對我來說非常有幫助。

M I still don't have confidence in expressing my **thoughts**[9] in English.

我對於用英文表達想法還不是很具信心。

W There are a lot of discussion groups and workshops on **campus**.[10] You should definitely attend one of them.

校園裡有很多討論小組和工作坊課程。你一定要去參加其中一個。

Ⓦ I'm always quiet in my class because I don't know what to say.
我在課堂上總是很安靜，因為我不知道該說什麼。

Ⓜ I really think you should actively participate in class and ask questions in English. It would improve your language skills.
我真的認為你應該積極參與課堂討論並用英文提問。這可提高你的語言技巧。

Ⓦ I'm trying to expand my vocabulary, but don't know how.
我想增加單字量，但不知道如何做。

Ⓜ You can maintain flashcards of new words you come across every day and review them regularly.
你可以把每天遇到的生字寫在閃卡上，並定期複習。

🔖 VOCABULARY

① **subtitle** [ˋsʌbˌtaɪt!] *n.* 字幕
② **native** [ˋnetɪv] **speaker** *n.* 母語人士
③ **expand** [ɪkˋspænd] *v.* 擴增
④ **reflection** [rɪˋflɛkʃən] *n.* 反思
⑤ **sharpen** [ˋʃɑrpn̩] *v.* 精進
⑥ **pronunciation** [prəˌnʌnsɪˋeʃən] *n.* 發音
⑦ **accent** [ˋæksɛnt] *n.* 口音；語調
⑧ **commute** [kəˋmjut] *n.* 通勤
⑨ **thought** [θɔt] *n.* 意見；想法
⑩ **campus** [ˋkæmpəs] *n.* 校園

💬 **課前小叮嚀!**

多數台灣學生認為,英文口語能力好的人,學術寫作能力也會優秀,但事實上英文口語和學術寫作是兩回事。英文學術寫作不僅要能清晰有效地表達思想和研究成果,遣詞用字方面更要求精準。可提升寫作能力的方法很多,例如:持續閱讀學術文獻,學習正確的格式和語體風格;參與寫作課程,掌握寫作技巧;定期練習寫作並從教授的修改中學習與精進。而在 EMI 課程中也有不少練習學術寫作的機會,所以同學們千萬不要光說不練,唯有持續練習「寫」,才能有效提升英文寫作力!

🎧 MP3 44

☐ I've started attending the writing workshops **offered**[1] by the university's language center.

我開始參加學校語言中心辦的寫作工作坊了。

☐ I've been working with a writing tutor for a while, and she always offers me **valuable**[2] **feedback**.[3]

我跟一位家教學習寫作有段時間了,她總是會提供我寶貴的意見回饋。

☐ You should check out the book *Academic Writing*. It's full of useful writing tips.

你可以參考《學術寫作》這本書,裡面有很多有用的寫作技巧。

☐ You should **outline**[4] your essays and organize your thoughts before you start writing.

在開始寫作之前,你應該規劃文章架構並組織想法。

☐ My professor suggests that I expand my vocabulary by reading a wide range of journal articles.
教授建議我透過閱讀各種期刊文獻來增加單字量。

W → Woman M → Man

W I need to write a five-paragraph essay, but I don't know how to start.
我需要寫一篇五段式論文，但我不知道該如何開始。

M Well, let's draw a mind map and **brainstorm**[5] ideas for your paper.
好吧，讓我們畫張心智圖，並想些你可以寫的點子。

W Professor Smith mentioned again the importance of **avoiding**[6] **plagiarism**[7] in the class.
史密斯教授在課堂上再次提到了避免抄襲的重要性。

M Yes, it certainly is important. We should be more **conscientious**[8] about paraphrasing.
是的，這的確很重要。我們要引用他人的話就應該換句話說。

M I mostly rely on apps to spot errors in my writing.
我主要使用應用程式來幫我找出寫作中的錯誤。

W Well, you should **proofread**[9] multiple times instead of just relying on spell-checkers and grammar-checkers.
嗯，你應該要多次校對，而不是僅靠拼字和文法檢查工具。

Ⓜ I wonder how I can come up with more ideas for my opinion essay.

我想知道怎樣才能為我的意見論文想出更多的點子。

Ⓦ You can join a study group where everyone can share different **perspectives**.[10]

你可以加入讀書會啊，每個人都可以分享不同的觀點。

Ⓦ I don't know how to improve my writing.

我不知道我的寫作要如何提升。

Ⓜ You should seek feedback from your professors. They can provide **insights**[11] into areas that need improvement.

你應該尋求教授的意見回饋。他們可以跟你講哪些方面應該改善。

🔖 VOCABULARY

① **offer** [ˋɔfɚ] v. 提供

② **valuable** [ˋvæljuəbl] adj. 有價值的

③ **feedback** [ˋfidˏbæk] n. 意見回饋

④ **outline** [ˋautˏlaɪn] n. 列出架構

⑤ **brainstorm** [ˋbrenˏstɔrm] v. 腦力激盪

⑥ **avoid** [əˋvɔɪd] v. 避免

⑦ **plagiarism** [ˋpledʒəˏrɪzəm] n. 抄襲

⑧ **conscientious** [ˏkɑnʃɪˋɛnʃəs] adj. 認真的；憑良心的

⑨ **proofread** [ˋprufˏrid] v. 審訂；校對

⑩ **perspective** [pɚˋspɛktɪv] n. 看法

⑪ **insight** [ˋɪnˏsaɪt] n. 見解

08 學術簡報
Academic Presentations

筆者常在 EMI 課堂中看到學生做英文簡報只是將存在手機內的英文講稿照念一次，但這樣其實完全違背了專業簡報的精神。一場出色的英文學術簡報不僅要能順暢且有效地介紹自己的研究成果，還必須讓聽眾有興趣想深入了解。參與 EMI 課程的同學們更應該想辦法精進自己使用英文做專業簡報的能力，而提升此能力的方法包括：多參加簡報技巧工作坊，學習有效的演講策略；多看其他講者優秀的簡報，取其精華為自用；簡報前做好充分準備並反覆演練以確保流暢度等。總之，持續練習與修正自己的簡報技巧是提升簡報能力的不二法門。

🎧 MP3 45

☐ I've been watching TED Talks to learn presentation skills from good **presenters**.[1]

我一直有在觀看 TED，從中向優秀的演說者學習演說技巧。

☐ You should try to **minimize**[2] the text on your slides and focus more on visuals or **infographics**.[3]

你應該避免在投影片上寫過多文字，並更專注於做視覺效果或資訊圖表。

☐ When I present, I tend to move around and **engage**[4] my **audience**[5] **dynamically**[6] instead of simply standing behind the laptop.

當我演講時，我傾向於四處走動並有活力地與觀眾互動，而不是光站在筆電後面。

☐ Professor Cole suggests that we use storytelling techniques to make the content of our talk more **memorable**.[7]

科爾教授建議我們使用說故事的技巧來讓我們的內容更令人難忘。

☐ From time to time, I pose questions to engage with my audience.

我時不時地提出問題來與聽眾互動。

W → Woman   M → Man

W I'm thinking of attending a workshop on public speaking.

我正在考慮參加公開演說工作坊。

M Yeah, let's go together. I need to boost my confidence during presentations as well.

嗯，我們可以一起去啊。我也需要在簡報時增加自信。

M During my presentations, I always have so many points to cover that I just rush through them.

在簡報時，我總是有很多要點要講，所以我只能匆匆講完。

W Well, you should simplify your presentation to ensure you only have to cover the most important points.

嗯，你應該簡化你的陳述，確保只涵蓋最重要的要點。

M Linda, you always do well on your presentations. Do you practice a lot?

琳達，妳的簡報總是表現得很好。妳經常練習嗎？

W Yeah, I record my presentation and watch it back. It really helps me notice my speech patterns.

是的，我會錄下自己的簡報練習並回放觀看，這有助於我注意到自己的簡報方式。

M I'm nervous about the presentation I'm going to make at the Student Hall this Friday.

我對本週五要在學生禮堂做的簡報感到緊張不已。

W Well, why don't you **rehearse**[8] in the actual presentation space? I mean, it would help you **familiarize**[9] yourself with the environment.

嗯，何不就在那個場地實際排練呢？我的意思是說，這會幫助你熟悉那個環境。

W Will, can you check my presentation slides and see if they are clear?

威爾，你能檢查一下我的簡報投影片嗎？看看是否清楚？

M Let's see here. I think you should **segment**[10] your presentation into several distinct sections.

我來看看。我認為你應該將簡報分成幾個更清楚的小段落。

🔑 VOCABULARY

① **presenter** [prɪ`zɛntɚ] *n.* 演講者

② **minimize** [`mɪnəˌmaɪz] *v.* 減低；減少

③ **infographic** 訊息圖表（由 information 和 graphic 縮合而成，用圖像表現方式使數據更生動）

④ **engage** [ɪn`gedʒ] *v.* 參與

⑤ **audience** [`ɔdɪəns] *n.* 聽眾

⑥ **dynamically** [daɪ`næmɪk|ɪ] *adv.* 動態地

⑦ **memorable** [`mɛmərəb|] *adj.* 易記得的

⑧ **rehearse** [rɪ`hɝs] *v.* 排練

⑨ **familiarize** [fə`mɪljəˌraɪz] *v.* 使熟悉

⑩ **segment** [`sɛgmənt] *v.* 區隔

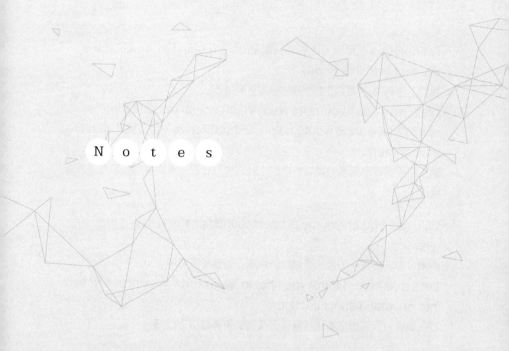

Notes

附錄

↕

　　選修 EMI 雙語課程時，除了必須熟悉課堂當中師生
互動的口語英文外，在寫書面報告或進行簡報發表時，
也有一些既定的用語用句可以讓寫作或準備簡報變得更
容易上手。以下分別依功能性及使用時機，彙整相關用
語及句型供同學們參考及靈活應用！

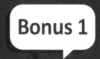

學術簡報常用句型
Language Bank for Academic Presentation

1 Welcome the Audience

- **Hi, everyone.** 大家好。
- **Hello**, my friends. 你們好，朋友們。
- **Good morning**, class. 同學們早安。
- **Good afternoon**, ladies and gentlemen. 各位女士先生，午安。
- **Welcome to this** session. 歡迎參加本次會議。
- **Thank you for attending** this workshop. 感謝大家參加本次研討會。
- **I'm more than happy** to be here. 我很高興來到這裡。
- **It's an honor for me to share my ideas about** happiness today.
  今天我很榮幸能分享我對幸福的看法。

2 Introduce Yourself / The Topic

- **Let me just start by** introducing myself. I'm Kevin Yang.
  讓我先自我介紹一下。我是楊凱文。
- **My name is** Jeffrey, **and I represent** Group Five.
  我叫傑佛瑞，我代表第五組。
- **Today, I'm going to give a presentation on** the basics of artificial intelligence.
  今天，我將介紹一下人工智慧的基礎知識。
- **My name is** Linda Cole. **I'm going to talk about** an important issue, which is how global warming will impact humans.
  我叫琳達·科爾。我要講一個重要的議題，就是全球暖化對人類有何影響。
- I'm Jenny Chen. **The topic of my presentation is** how to sharpen your English skills.
  我是陳珍妮。我演講的主題是如何提升英語能力。
- **The [title / subject / topic] of today's presentation is** "Three Ways to Increase Your Confidence."
  今天我演講的主題是「提高信心的三種方法」。

- **The objective of my talk is to** present the findings of my research.
  我演講的目的是向各位展示我的研究結果。
- **My aim today is to** give some background about the importance of recycling in environmental conservation.
  我今天演講的目的是提供一些關於回收對環保重要性的背景知識。

3 Explain Why the Audience Will Be Interested

- **As we all know**, global warming **has affected all of our lives.**
  眾所周知，全球暖化已經影響了我們所有人的生活。
- **I'm certain that you are all eager to learn more about** how to enhance your fluency in spoken English.
  我相信你們都希望了解更多關於提升英語口語流利度的方式。
- **All of us should help** to conserve the environment because we have only one Earth.
  我們所有人都應該保護環境，因為我們只有一個地球。
- Time management **is important because**, as students, we must both study hard and party hard.
  時間管理很重要，因為身為學生，我們既要努力學習，也要玩得開心。
- English **influences the way** people connect across different cultures.
  英語將影響人們跨文化溝通的方式。
- **Do you know that** a single lifestyle modification can greatly improve the quality of your life?
  你知道小小地改變生活方式就能大大改善你的生活品質嗎？
- **Today, we're going to talk about how** specific health choices influence people's well-being.
  今天，我們將討論一些維持健康的選擇如何影響人們的幸福。
- **Everybody should know the importance of** maintaining a balanced diet and regular exercise routine.
  每個人都應該知道保持均衡飲食和規律運動的重要性。

4 Presentation Overview

- **My presentation will be** in three parts.
  我的簡報將分為三個部分。
- **My presentation is divided into** three major sections.
  我的簡報分為三個主要部分。
- **First of all, I'll be talking about** the background of the study.
  首先，我要來談談研究的背景。
- **Second, I'll cover** the findings from this research.
  其次，我將介紹這項研究的結果。
- **Finally, I'll wrap up with** the discussion section.
  最後，我將以討論部分來做總結。
- **I'm going to talk about** the history of AI development.
  我要講一下人工智慧發展的歷史。
- **All right, I'll start by focusing on** the purpose of this research.
  好的，我們首先來討論這項研究的目的。
- **Let me tell you something about** the background of our topic.
  讓我談一下關於這個主題的背景。
- **We should establish** the relevant facts and figures first, so let's take a look at this table.
  我們首先必須了解一些相關的事實和數據，所以讓我們來看看這張表。
- **Let's focus on** the methodology. 我們來看看研究方法。

5 Indicate When to Ask Questions

- **Please feel free to interrupt me** whenever you have any questions.
  如果有任何問題，請隨時打斷我。
- **Feel free to interrupt me as we proceed** if you have any questions.
  如果有任何疑問，歡迎在簡報過程中隨時提出。
- **If you need me to** clarify something during my presentation, please just raise your hand.
  如果你需要我在我的簡報過程中澄清某些內容，就請舉手。

- **Please don't hesitate to** signal if anything isn't completely clear.
  如果你有任何不清楚的地方，請隨時讓我知道。

- **There will be a Q&A session** at the end of my presentation.
  在我的報告結束後將有一個問答時間。

- **I'd be grateful if you could** hold questions and comments until the end of my presentation.
  如果可以等到簡報結束之後再提問討論，那是再好不過。

- **We'll have a dedicated Q&A segment** after the presentation. I'll be happy to address your questions then.
  簡報結束後，我們將有一個專門的問答時間，我很樂意回答你們的問題。

- **I kindly ask that** you make a note of any questions you might have and ask them at the end.
  請你們記下可能有的任何問題並在最後提出來。

6 Main Body of Presentation

- **All right, now let's imagine that** we're in a future world where robots are everywhere. Consider the opportunities and challenges this could bring to our society.
  好的，現在讓我們想像一下，我們處在一個充滿機器人的未來世界。請想一下這可能為我們的社會帶來什麼樣的機會和挑戰。

- **Here are some facts about** the recent advancements in renewable energy technologies.
  以下是有關再生能源技術最新發展的一些資料。

- **Several factors contribute to** the rising levels of stress in the modern workplace.
  有幾個因素導致現代工作場所的壓力指數不斷上升。

- **Certainly, there are** advantages and disadvantages, **but for now let's just concentrate on** the potential benefits this strategy will bring.
  當然，這有優點也有缺點，但現在讓我們只關注此策略將帶來的潛在好處。

- **We should consider** both the pros and cons of implementing artificial intelligence in education.
我們應該考慮在教育中導入人工智慧的利弊。

- **There are several types** of learning styles, including visual, auditory, and reading/writing.
學習方式有多種類型,包括視覺、聽覺和閱讀 / 寫作。

- **Why don't we start by** comparing the efficiency of different energy sources.
我們何不從比較不同能源的效率來切入呢?

- **Here is an interesting piece of information**: according to a recent study, people who engage in regular exercise increase their life expectancy by over three years on average.
我這裡有個有趣的資訊:根據最近的一項研究,經常運動的人平均可以延長三年以上的壽命。

7 Moving from One Point to Another

- **Now I'd like to move on to the next point, which** examines the critical role that AI is playing in people's lives.
現在我想討論下一個要點,探討人工智慧在人們生活中發揮的關鍵作用。

- **All right, let's turn to** the current advancements in space exploration.
好,讓我們談談當前太空探索的進展。

- **That's all I have to say about** the impact of digital technology on modern communication.
這就是我要討論的關於數位科技對現代通訊的影響。

- **Let's consider another aspect** to this discussion: the social implications of artificial intelligence.
讓我們考慮這個議題的另一個面向:人工智慧對社會的影響。

- **This leads me to** my next point: the vital role of cybersecurity in today's society.
這便帶出了我的下一個觀點:網路安全在當今社會中的重要角色。

- **I must also emphasize the importance of** maintaining a diverse work environment.
  我還必須強調維持多元化工作環境的重要性。
- **Let's analyze this problem** from different perspectives, including economic, social, and environmental.
  我們應從不同的角度來分析這個問題，包括經濟、社會和環境。
- **So, here is another critical point** to consider: the implications of genetic engineering for agricultural development.
  因此，這是另一個需要考慮的關鍵點：基因工程對農業發展的影響。

8 Highlighting and Emphasizing

- **I'd like to emphasize the importance of** continual learning in our hyper-competitive world.
  我想強調的是在這個競爭激烈的世界中持續學習的重要性。
- **It is essential to understand that** change is constant, and being flexible can impact your personal progress.
  了解改變是持續不斷的這點相當重要，而保持靈活對個人進步有很大影響。
- **What really influences us are** the environments we immerse ourselves in.
  真正影響我們的是我們所身處的環境。
- **We need to take necessary actions immediately to** address these urgent environmental challenges.
  我們需要立即採取必要行動，以應對迫切的環境挑戰。
- **Let's look at this issue more closely** and analyze the factors contributing to it.
  讓我們更仔細地看待這個問題並分析造成這個問題的因素。
- **There is still a lot of room for improvement**, so it's imperative that we keep evolving our strategies.
  此事仍有很大的改進空間，因此我們必須不斷改進我們的策略。
- **The truth is that** challenges and failures are part of our life journey.
  事實上，挑戰和失敗是我們人生旅程的一部分。

- **I have to admit that** this is a rather difficult problem, so approaching it requires a collaborative effort.
  我必須承認這是一個相當困難的問題，因此要靠大家共同努力才能解決。

9　Persuading Language

- **I suggest that** all teachers should engage in continuous professional development.
  我建議所有教師都應該致力於持續的專業發展。

- **Our team proposes that** students should take an active role in their educational journey.
  我們這組建議學生應該在他們的教育歷程中積極參與。

- **The difference between** knowledge and wisdom is enormous.
  知識和智慧之間的差異是頗大的。

- **Instead of** focusing on short-term goals, **we should** adopt a long-term perspective.
  我們不應著眼於短期目標，而應看長遠未來。

- **This is far superior to** making decisions based on instant gratification.
  這比基於滿足眼前需求所做出的決定要好得多。

- **If we** invest effort into planning, **we will certainly** see the results.
  如果我們投入精力做好規劃，我們一定會看到結果。

- **The major benefit we will receive is** a 3% decrease in carbon emissions.
  我們可以得到的最大好處是碳排放量減少 3%。

- **My recommendation is that** we all take small actions that make positive differences in our lives.
  我的建議是，我們都採取一些小行動來為我們的生活帶來積極的改變。

10　Language for Visuals

- **The diagram shows** employment rates among adults in four Asian countries from 2020 to 2023.
  此圖顯示了 2020 年至 2023 年間四個亞洲國家的成年人就業率。

- **The chart gives information about** consumer expenditures on six products.
  此圖表提供了有關六種產品的消費支出資料。
- **The bar graph enumerates** the money spent on different research projects.
  此長條圖列舉了不同研究項目所花的經費。
- **It is estimated that** the number of skilled workers will rise.
  技術工人的數量預計將會增加。
- **The most noticeable feature is** a shift from country to city living.
  最明顯的趨勢是從鄉村生活流向都市生活的轉變。
- **As can be seen**, employment opportunities increased in 2021 and then declined in 2022.
  由資料可以看出，2021 年就業機會增加，而在 2022 年就業機會就減少了。
- The cost of living **climbed as high as** 3.1% on a year-to-year basis in July.
  七月份的生活花費較去年同期上漲高達 3.1%。
- **It is obvious from the chart that the ratio** of students to faculty dropped 15% in the previous decade.
  從圖表中可以明顯看出，學生與教師的比例在過去十年中下降了 15%。

11 Summarizing

- **This brings me to** the end of my presentation.
  我的簡報到此結束。
- **I've talked about** the importance of continuous learning.
  我已經談到了持續學習的重要性。
- **That's about it for now**. We've covered a range of topics including the urgency of addressing climate change.
  目前就這樣。我們已討論了一系列主題，包括應對氣候變遷的迫切性。
- **In brief, we should** embrace lifelong learning and always consider the impact of our actions on the environment.
  簡言之，我們應該終身學習，並且時時考慮我們的行為對環境的影響。

- **To summarize, I truly think that** long-term planning is more important than short-term gains.
  總結一下，我認為長期規劃比短期利益更重要。

- **In the end, let's sum up** some key points.
  最後，讓我們來總結一些要點。

- **Once again, I'd like to stress that** individuals should remain flexible and open to new changes.
  我想再次強調，個人應該保持彈性並對新的變化持開放態度。

- **Before I finish, let me just go over** three strategies we can implement.
  在結束之前，讓我回顧一下我們可以實施的三個策略。

12 Signal the End of the Presentation

- **All right, I hope that you are now all clear on how to** manage study time effectively.
  好了，希望大家現在已經清楚如何有效地管理學習時間了。

- **To return to the original question**, we can increase our English vocabulary by reading articles and listening to podcasts.
  回到原本的問題，我們可以透過閱讀文章和聽播客來增加英語單字量。

- **Now, to round off the talk**, let's revisit the essential takeaways.
  現在，讓我們以回顧一下基本要點來做個總結。

- **I hope my presentation today will** stimulate some new ideas.
  我希望我今天的演講能幫助大家激發新的想法。

- **All these points indicate** how we can develop better interpersonal skills.
  所有這些點都表明我們如何才能培養更好的人際交往能力。

- **Drawing our discussion to a close, we see** the need to create a more sustainable future for everyone.
  在結束我們的討論時，我們認為有必要為每個人創造一個更永續的未來。

- **As we wrap up, it's clear to see** that to achieve progress in this field we have to double our funding.
  我們總結一下，很顯然，為了在這個領域取得進展，我們必須將資金增加一倍。

- **In conclusion, everything we've covered today reinforces** the importance of education in shaping the future.
  總之，我們今天所討論的一切都強調了教育在塑造未來方面的重要性。

13 Thanking and Inviting Questions

- **Thank you for listening attentively.** Now if there are any questions, I'd be pleased to answer them.
  感謝大家的認真聆聽。現在，如果有任何問題，我很樂意回答。
- **That brings me to the end** of my presentation. **Thank you for** your attention.
  我的演講到此結束。感謝聆聽。
- **I will be glad to** answer any questions you might have. Yes, please go ahead.
  我很樂意回答任何問題。是的，請說。
- **Would anyone like to** ask questions?
  有人想問問題嗎？
- **Does anyone have** any comments or questions?
  有人有任何意見或問題嗎？
- **Well, some of you may be curious about** the practical steps we can implement.
  好吧，有些人可能對我們可以採取的實際步驟感到好奇。
- **One most frequently asked question is**: Will AI replace human jobs?
  最常見的問題是：人工智慧會取代人類的工作嗎？
- **Now, let's open the floor to** questions and comments.
  現在，讓我們開始提問和討論。

14 Handling Questions

- **If I understand you correctly, you want to know** whether AI will replace human jobs, right?
  如果我理解沒錯的話，你想知道人工智慧是否會取代人類的工作，對吧？

- **Do you follow** my logic here?
  你明白我的意思了嗎？

- **I hope this has addressed** your concern.
  我希望這已經解決了你的疑慮。

- **Was my explanation clear** enough? / **Have I clarified** your understanding at all?
  我的解釋夠清楚嗎？／我澄清你的疑問了嗎？

- **I hope this explains** the situation to you.
  我希望這能解釋到你的問題。

- **I hope this talk gave you** some new ways of thinking.
  我希望這次演講能帶給你們一些新的思維。

- **I suggest that we discuss that further** after the class.
  我建議我們課後進一步討論。

- **I'd be happy to send you some relevant** documents afterwards.
  之後我很樂意將一些相關文件傳給你。

15 If You Don't Know the Answer

- **That's a very practical question.** We just don't have much information about that at the moment.
  這是一個非常實際的問題。我們目前還沒有太多相關資訊。

- **I can't give you an accurate answer now, but** please allow me some time to think about it.
  我現在無法給你一個準確的答案，但請給我一些時間來想一想。

- **That's a good question. The thing is that I'm not very sure** about the answer. I'll invite one of my team members to provide some details.
  這是個好問題。問題是我不太確定答案。我會邀請我的組員來提供一些細節。

- **Thank you for bringing that up. Unfortunately, I'm not** the best person to answer that.
  謝謝你提出這個問題。但我不是回答這個問題的最佳人選。

- **That's a fantastic question, but I don't** have the information to provide a complete answer right now.
  這是個很棒的問題，但我現在沒有資訊可以提供完整的答案。

- **I'll make a note of it and ensure I follow up with you** after I've done further research.
  我會記下它，並確保在完成進一步研究後與你聯繫並回覆。

- **I appreciate your question. I don't have the answer at the moment, but** I'll get back to you later.
  很謝謝你的問題。我現在沒有答案，但我稍後會回覆你。

- **Thank you for raising that point.** I'll work on getting more information for you.
  感謝你提出這一點。我會努力為你取得更多相關資訊。

學術寫作加分語庫
Language Bank for Academic Writing

1 表示 sequence → 順序／要點條列

【first】

例 First, it's essential to understand the context of the study.
首先，了解研究背景是很重要的。

【first of all】

例 First of all, let's define the key terms used in this paper.
首先，我們來定義本文中所使用的關鍵用語。

【second】

例 Second, an in-depth analysis of the literature will be conducted.
其次，我們要對文獻進行深入分析。

【next】

例 Next, our attention will turn to the methodology of the current research.
接下來，我們會將要點轉向目前的研究方法部分。

【finally】

例 Finally, the data we collected will be synthesized to present our conclusion.
最後，我們收集到的資料將被統合以得出結論。

2 表示 aspect → 觀點／不同看法

【that is】

例 That is, we'll scrutinize various sources to understand the consensus in the field.
也就是說，我們將仔細檢視各種來源以了解該領域的理論共識。

【in other words】

㊟ In other words, we need to analyze existing research to see what has been explored already.

換句話說，我們需要分析現有的研究，看看有什麼理論已經探討過了。

3 表示 addition → 增加／額外意見

【also】

㊟ Also, the contributions of various independent studies should not be overlooked.

此外，各種獨立研究的貢獻也不應被忽視。

【moreover】

㊟ Moreover, the most recent GDP statistics offer compelling evidence that aligns with this theory.

此外，最近的 GDP 統計數據提供了與此理論相符的有力證據。

【in addition】

㊟ In addition, qualitative interviews with participants will be conducted afterwards.

此外，我們隨後也會對參與者進行訪談。

【furthermore】

㊟ Furthermore, it's essential to consider that emotional factors play a vital role in this context.

此外，我們也必須考慮情感因素在這種情況下發揮重要作用。

【In addition to】

㊟ In addition to data collected through surveys, qualitative data from personal interviews will be gathered.

除了透過調查收集的資料外，還要收集個人訪談的質性資料。

4 表示 adversatively → 對立／相反意見

【yet】

例 Yet, some outliers in the data that suggest alternative interpretations should also be considered.

然而，數據中的一些異常值顯示了其他解釋也應該被考慮進來。

【however】

例 However, it's important to note that not all researchers agree on this theory.

然而，值得注意的是，並非所有研究人員都同意這個理論。

【nevertheless】

例 While the study's results did not align with the hypotheses, nevertheless, they provide insight into several important phenomena.

雖然研究結果與假設不一致，但它們提供了對幾個重要現象的見解。

【on the other hand】

例 On the other hand, some researchers argue that the trend can be explained by other factors.

另一方面，有些研究人員認為這趨勢其實可以用其他因素來解釋的。

【despite】

例 Despite the findings, there are limitations to the current study that must be addressed in future research.

儘管有產出結果，目前的研究仍然存在局限性，必須在未來的研究中加以解決。

【in spite of】

例 In spite of some challenges, the research team was able to compile a comprehensive report.

儘管面臨一些挑戰，研究團隊還是寫出了一份全面的報告。

【although】

例 <u>Although</u> there are different views, the majority of the literature supports Smith's theory.

儘管有不同的觀點，但大多數文獻都是支持史密斯的理論。

【even though】

例 <u>Even though</u> there is evidence to support the theory, it's crucial to remain open to new perspectives.

儘管有證據支持理論，但對新觀點保持開放態度至關重要。

5 表示 contrast → 對比／不同之處

【in contrast】

例 <u>In contrast to</u> the common method, the current study employs a qualitative analysis to capture the participants' attitudes.

與常用的方法不同，本研究採用質性分析以體現參與者的態度。

【unlike】

例 <u>Unlike</u> previous models that focused only on emotional factors, this new framework also takes motivation into consideration.

與先前聚焦在情感因素的模型不同，這個新框架也將動機納入考量。

【in contrast to】

例 <u>In contrast to</u> the initial hypothesis, the current study found no significant difference between the experimental and control groups.

與最初的假定相比，目前的研究發現實驗組和對照組之間沒有顯著差異。

【while】

例 <u>While</u> most researchers have focused on traditional sources of data, our team will turn to social media platforms to explore emerging consumer trends.

雖然多數研究人員都使用傳統資料來源，但我們的研究將轉向社群媒體平台來探索新興的消費趨勢。

【whereas】

例 <u>Whereas</u> the early literature focused primarily on learners' motivation, recent studies have begun to explore the instructors' teaching strategies.
雖然早期文獻主要聚焦在學習者的動機，但最近的研究已經開始探索教師的教學策略。

6　表示 illustration → 舉例／事例佐證

【for example】

例 <u>For example</u>, in a recent study, researchers found that parents' expectations are also a driving force in students' L2 acquisition.
例如，在最近的一項研究中，研究人員發現家長的期望也是學生習得第二語言的驅動力。

【for instance】

例 <u>For instance</u>, Jones (1998) indicated that parental involvement in education enhances children's cognitive development.
例如，瓊斯在 1998 年就曾經指出，父母參與教育可以增強兒童的認知發展。

7　表示 reason → 原因／前因後果

【due to】

例 <u>Due to</u> a lack of data, the researchers were unable to draw comprehensive conclusions.
由於缺乏數據，研究者無法得出全面的結論。

【owing to】

例 <u>Owing to</u> rapid advancements in technology, the results need to be evaluated within the context of current digital communication trends.
由於科技的快速進步，需要在目前數位通訊趨勢的背景下評估結果。

【because of】

(例) <u>Because of</u> the changes in variables, the researchers had to adjust the experimental procedures.

由於變數的變化，研究者不得不調整實驗程序。

【on account of】

(例) The research will be postponed <u>on account of</u> budget constraints.

由於預算限制，研究將會延後。

【as】

(例) <u>As</u> evidence continues to accumulate, there is increasing support for the hypothesis.

隨著證據不斷積累，假設的支持也越來越多。

【since】

(例) <u>Since</u> the literature on the topic is still evolving, it's wise to interpret the results with cautious optimism.

由於有關該主題的文獻仍在不斷發展，因此以謹慎的態度解釋結果才是明智的作法。

【because】

(例) <u>Because</u> the study relied on self-reported data, some variables may not have been accurately represented.

由於該研究是依賴參與者自我提供的數據，一些變數可能沒辦法精準地呈現。

【lead to】

(例) According to a recent study, exposure to high levels of stress can <u>lead to</u> long-term health issues.

根據最近的一項研究顯示，承受高壓力會導致長期的健康問題。

---

8 表示 consequence → 結論／顯示結果

【thus】

(例) The study's findings did not align with the initial hypotheses; <u>thus,</u> further investigation is required.

研究結果與最初的假設不一致；因此，需要進一步調查。

【hence】

例 The data show a significant correlation between the two variables; hence, we can conclude that there is a strong relationship between them.

資料顯示兩個變數之間有顯著相關性；因此，我們可以下結論，兩者之間存在著強烈的關係。

【therefore】

例 The student participants exhibited an improvement in their English test scores; therefore, the researcher can conclude that the intervention worked.

學生參與者的英語考試成績有所提升；因此，研究人員可以得出結論，干預措施是有效的。

【consequently】

例 The new evidence contradicts the current theory; consequently, researchers must reevaluate their assumptions.

新的證據與目前的理論相矛盾；因此，研究人員必須重新評估他們的假設。

【as a result】

例 As a result of these discoveries in genetic engineering, researchers can now address a wide range of diseases.

由於基因工程的發現，研究人員現在可以解決多種疾病。

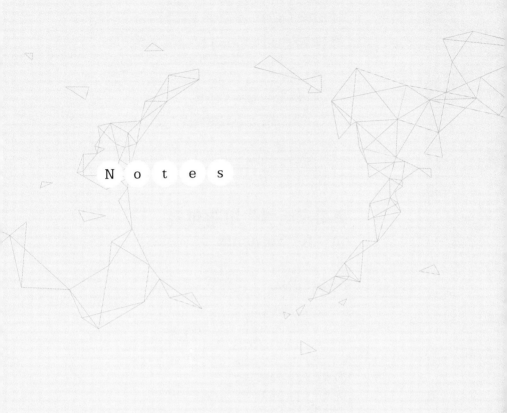

Notes

國家圖書館出版品預行編目(CIP)資料

雙語課室學生用語句典 = EMI for students / 薛詠文作.
-- 初版. -- 臺北市：波斯納出版有限公司, 2024.03
　　面： 公分

ISBN: 978-626-98215-6-3（平裝）

1.CST: 雙語教育　2.CST: 英語教學　3.CST: 教學法

521.4　　　　　　　　　　　　　　　　113002010

雙語課室學生用語句典
EMI for Students

作　　者／薛詠文
執行編輯／朱曉瑩

出　　版／波斯納出版有限公司
地　　址／台北市 100 館前路 26 號 6 樓
電　　話／(02) 2314-2525
傳　　真／(02) 2312-3535
客服專線／(02) 2314-3535
客服信箱／btservice@betamedia.com.tw
郵撥帳號／19493777
帳戶名稱／波斯納出版有限公司

總 經 銷／時報文化出版企業股份有限公司
地　　址／桃園市龜山區萬壽路二段 351 號
電　　話／(02) 2306-6842

出版日期／2024 年 3 月初版一刷
定　　價／380 元
Ｉ Ｓ Ｂ Ｎ／978-626-98215-6-3

貝塔網址：www.betamedia.com.tw

喚醒你的英文語感！

Get a Feel for English !